高等教育新形态一体化教材

新时代劳动教育

主　编　任国强　袁　杰　许　江
副主编　张宝中

合肥工業大學出版社
HEFEI UNIVERSITY OF TECHNOLOGY PRESS

图书在版编目（CIP）数据

新时代劳动教育 / 任国强，袁杰，许江主编. — 合肥：合肥工业大学出版社，2023.10
ISBN 978-7-5650-6457-9

Ⅰ. ①新… Ⅱ. ①任… ②袁… ③许… Ⅲ. ①劳动教育 Ⅳ. ①G40-015

中国国家版本馆CIP数据核字（2023）第189673号

新时代劳动教育
XINSHIDAI LAODONG JIAOYU

任国强　袁　杰　许　江　主编

责任编辑　张　慧
出版发行　合肥工业大学出版社
地　　址　（230009）合肥市屯溪路193号
网　　址　www.hfutpress.com.cn
电　　话　人文社科出版中心：0551-62903205
　　　　　营销与储运管理中心：0551-62903198
规　　格　787毫米×1092毫米　1/16
印　　张　12.75
字　　数　300千字
版　　次　2023年10月第1版
印　　次　2023年10月第1次印刷
印　　刷　三河市海新印务有限公司
书　　号　ISBN 978-7-5650-6457-9
定　　价　45.00元

PREFACE

前言

2018年9月10日习近平总书记在全国教育大会上强调，坚持中国特色社会主义教育发展道路，培养德智体美劳全面发展的社会主义建设者和接班人。习近平总书记指出，要努力构建德智体美劳全面培养的教育体系，形成更高水平的人才培养体系。2020年3月，中共中央、国务院发布了《关于全面加强新时代大中小学劳动教育的意见》，对加强新时代劳动教育进行了整体设计，为加强新时代劳动教育指明了方向。2020年7月，教育部印发《大中小学劳动教育指导纲要（试行）》，把劳动教育设为必修课，将劳动教育纳入人才培养全过程，丰富、拓展劳动教育实施途径。

加强新时代劳动教育必须以习近平新时代中国特色社会主义思想为指导，全面贯彻党的教育方针，落实全国教育大会精神，坚持立德树人，坚持培育和践行社会主义核心价值观，把劳动教育纳入人才培养全过程，贯通大中小学各学段，贯穿家庭、学校、社会各方面，与德育、智育、体育、美育相融合，教育并引导大学生树立正确的劳动价值观，弘扬劳模精神、劳动精神、工匠精神，使其对“劳动最光荣、劳动最崇高、劳动最伟大、劳动最美丽”的道理有清晰的认知和深刻的认同，培养大学生“辛勤劳动、诚实劳动、创造性劳动”的热情和习惯，把握育人导向。要紧密结合经济社会发展变化和学生生活实际，积极探索具有中国特色的劳动教育模式，创新体制机制，注重教育实效，实现知行合一，促进学生形成正确的世界观、人生观、价值观。

本书从新时代的要求出发，广泛汲取有关劳动理论、实践与教育的精髓和研究成果，通过大量特色鲜明的案例，探讨、总结和回答了劳动教育的一般理论和实践问题。本书按照阐述劳动教育本体论、认识论、实践论的思路进行编写，总结归纳了劳动及劳动教育的内涵、本质特征、价值意义和发展历程，对新时代大学生劳动价值观的认知、培育进行分析，对劳动精神、劳模精神、工匠精神进行探讨，对新时代劳动教育的教学目标、内容、形式以及拓展教育区域进行解析，并对如何开展新时代校园劳动进行分类讲述。

本书主要特点如下：

（1）以引导为目标，突出可读性。本书以劳动实践为基础，突显实操性；融入鲜活案例故事，可读性强；基础理论扎实，整体风格通俗易懂，注重基础理论与实践应用相结合，能够更有效地引导学生去思考和感悟，较好地满足应用型、技能型和创新型人才培养和人的全面发展的需要。

（2）结合学生特点，突出针对性。本书以大学生为读者对象，依据其学习特点和理论、实践等情况，介绍了新时代劳动教育的知识和方法体系。在分章编写重点内容和实用内容时，努力做到易读、易学、易会、易用，突出教材的针对性、趣味性和实用性。

（3）内容形式多样，突出实效性。在体例上，本书充分考虑案例教学和实践活动的需要，在每章节正文中穿插案例分享，并进行探讨，以加深大学生对重点内容和难点内容的理解和掌握；同时穿插拓展阅读，介绍当今一些新趋势和新观点，以帮助大学生开拓视野，增长知识，提高劳动教育素养。

尽管编者本着严谨的治学态度和高度的工作热情编写本书，但因时间有限，书中仍有可能存在某些不足之处，敬请广大读者批评指正。

编　者

2023 年 10 月

CONTENT

目录

第一章

劳动是一切幸福的源泉

知识导航

- 了解劳动的内涵
- 掌握劳动的特征和分类
- 增强对劳动的理性认知，提升劳动意识的自觉性与坚定性
- 树立正确的劳动价值观，树立“劳动最光荣、劳动最崇高、劳动最伟大、劳动最美丽”的观念，增强对劳动的情感认同、理性认知和实践自觉，形成正确的世界观、人生观、价值观

提升认知

第一节　劳动概述

一、劳动的含义

扫一扫 看一看

《中国大百科全书》将劳动定义为：人类特有的基本的社会实践活动。人通过有目的的活动改造自然对象，并在这一活动中改造人自身的过程。劳动体现了人与自然、人与人两方面关系的统一。

《教育大辞典》将劳动定义为：劳动力的使用和消费。人以自身活动来引起、调整和控制人和自然之间的物质变换过程。制造和使用生产工具，并在一定的社会关系中进行劳动，是人和动物的本质区别。

《辞海》认为劳动是：人们改变劳动对象使之适合自己需要的有目的的活动，即劳动力的支出或使用。劳动是人类社会存在和发展的最基本条件。

《50000词现代汉语词典》将劳动解释为：人类创造物质或精神财富的活动。

马克思（图1-1）在《资本论》中对劳动作了具体的规定和论述：劳动力的使用就是劳动本身。劳动力的买者消费劳动力，就是叫劳动力的卖者劳动。劳动是人的自我实现，是他的体力和智力的表现；在劳动这一真正的活动过程中，人使自己得到了发展，成为人自身；劳动不仅是达到目的即产品的手段，而且是目的本身，是人的本质能力的一种有意义的表现，因而劳动是一种享受。

图1-1　卡尔·马克思

以上的几种表述虽措辞有所不同，但基本内涵是一致的，即可将劳动定义为：劳动是人类特有的，为满足自身的物质和精神需要，有目的地调整和控制人和自然界之间的物质变换过程的一种改变自然物的社会实践活动。

案例分享

古诗词里的劳动美

翻开我国古代诗歌作品，历代文人墨客都写下了许多关于古人辛勤劳动的诗篇，歌颂劳动之美、劳动之乐。《诗经》是我国最早的一部诗歌总集，里面就有大量描绘劳动生产的农事诗。像那首著名的《伐檀》一开头就讲“坎坎伐檀兮，置之河之干兮”，是一首描写伐木工人日常劳作的民歌。《芣苢》曰：“采采芣苢，薄言采之。采采芣苢，薄言有之。采采芣苢，薄言掇之。”则是农妇们采摘车前草时所唱的歌谣，既生动又欢快，热情歌颂了劳动人民热爱劳动的高贵品质。

陶渊明不为五斗米折腰，甘愿归田务农，把农活写进诗里，充满诗情画意。譬如他的《归田园居》：“种豆南山下，草盛豆苗稀。晨兴理荒秽，带月荷锄归。道狭草木长，夕露沾我衣。衣沾不足惜，但使愿无违。”全诗平淡自然，清新质朴，言简意长，真挚感人，抒写了他对田园生活的热爱及享受田园劳作之乐的惬意、闲适的心情。他在《庚戌岁九月中于西田获早稻》一诗中写道：“人生归有道，衣食固其端。孰是却不营，而以求自安。”告诫人们要自食其力，勤奋劳动，如果什么事都不做，就不能解决自己的温饱问题。

白居易在《观刈麦》里把劳动的艰辛描绘得细致入微，生动感人。“田家少闲月，五月人倍忙。夜来南风起，小麦覆陇黄。妇姑荷箪食，童稚携壶浆。相随饷田去，丁壮在南冈。足蒸暑土气，背灼炎天光。力尽不知热，但惜夏日长。”五月，是麦收时节。妇女领着小孩往田野去，给正在割麦劳作的男子送饭送水，这些农民在麦田埋头割麦，脚下暑气熏蒸，背上烈日烘烤，累得筋疲力尽也不觉得炎热，为的是珍惜夏天昼长能够多干点活。他的另一首名作《卖炭翁》，也充满了对劳动人民的真挚感情，引人深思，扣人心弦。

晚唐诗人罗隐有《蜂》云：“不论平地与山尖，无限风光尽被占。采得百花成蜜后，为谁辛苦为谁甜？”该寓言诗赞美了蜜蜂辛勤劳动的高尚品格，寓意着劳动光荣。劳动让人们拥有了幸福的生活，劳动让人们收获了成就和荣誉。

南宋诗人范成大的《四时田园杂兴》，用清新自然的笔调，描写了农忙时节紧张的劳动氛围和富有生趣的乡村生活：“昼出耘田夜绩麻，村庄儿女各当家。童孙未解供耕织，也傍桑阴学种瓜。”农忙时节，大人们早出晚归，白天种田晚上搓麻，就连不会种田和织布的小孩子，也学着大人的样子种起瓜来。好一幅热烈而生动的劳动生产图。

“富贵本无根，尽从勤里得。”人世间的一切幸福都需要靠辛勤的劳动来创造，劳动最光荣，劳动最崇高，劳动最伟大，劳动最美丽。崇尚劳动、热爱劳动、尊重劳动永远是中华民族的传统美德。

（资料来源：钟芳.古诗歌中的劳动美.读书，2019.有改动）

二、劳动的特征

（一）人类专属性

从表面上来看，劳动作为一种活动，是对自身生活有用的自然物质的占有，这与自然界的动物的活动没有什么区别。例如，蜘蛛通过织网来捕食猎物，蜜蜂通过建筑蜂房而储存蜂蜜，燕子通过衔草筑巢来繁殖后代。然而，动物的这些活动不能称之为劳动，因为它是一种动物生存的本能。人的劳动和动物的本能活动最不同的地方是，人的劳动是有自觉意识支配的、能动的和具有一定目的的活动（图 1-2）。

图 1-2　辛勤插秧的农民

拓展阅读

人与动物的区别

在恩格斯思想中，劳动创造了人类自身，人类是从动物中经过长期的实践活动发展而来的，人类利用劳动来认识自然和改造自然，从而使人类在自然属性基础上提升出社会属性，通过劳动使人成为区别于其他动物的真正的人。恩格斯在《自然辩证法》中指出："动物仅仅利用外部自然界，简单地通过自身的存在在自然界中引起变化；而人则通过他所作出的改变来使自然界为自己的目的服务，来支配自然界。这便是人同其他动物的最终的本质的差别，而造成这一差别的又是劳动。”人与动物都是自然界的一部分，人同动物一样需要从自然界中获取生存资料，从而来维系人的生存、繁衍和发展。人在依靠自然界生存过程中，逐渐通过劳动实践，使手得以解放出来，进而产生了语言，最终实现了从猿脑到人脑的过渡和意识的产生，使人能够发展下去。而动物依然维系着它们最基本的生存需要，通过利用自然界来使自身生存下去。

［资料来源：中共中央马克思恩格斯列宁斯大林著作编译局.马克思恩格斯选集（第4卷）.北京：人民出版社，1995.有改动］

（二）自觉意识和能动性

马克思指出：“蜘蛛的活动与织工的活动相似，蜜蜂建筑蜂房的本领使人间的许多建筑师感到惭愧，但是，最蹩脚的建筑师从一开始就比最灵巧的蜜蜂高明的地方，是他在用蜂蜡建筑蜂房以前，已经在自己的头脑中把它建成了。人类的劳动不仅知道为什么去做，怎样去做，而且知道将会做成什么样，这些就是人类劳动和动物本能活动之间的本质区别。”

拓展阅读

★★★★★

劳动产生意识

劳动是人类生活中的第一个基本条件，而在达到这个基本条件过程中，劳动创造了人区别于动物的特征，即手的解放、语言的产生和人脑的形成等。首先，劳动解放了手。古代类人猿由于自然界的变化，生活方式也随着自然界的变化而变化，从森林中走向平地来生存与发展。“这种猿类，大概首先由于它们在攀缘时手干着和脚不同的活这样一种生活方式的影响，在平地上行走时也开始摆脱用手来帮忙的习惯，越来越以直立姿势行走。由此就迈出了从猿到人的具有决定意义的一步。”由于直立行走，手就被解放出来了，使手的功能大大增强。其次，劳动产生了语言。在劳动过程中，人们相互帮助和共同协作的场景增多了，随之产生了人们之间交往思想的需求，进而产生了自己的发音器官，发出一个接一个清晰的音节。语言是从劳动中产生并同劳动一起发展的，这是其他动物无法比拟的。再次，劳动产生了人脑。“首先是劳动，然后是语言和劳动一起，成了两个最主要的推动力，在它们的影响下，猿脑就逐渐地过渡到人脑。”人脑比猿脑要完善得多。伴随着人脑的发展，感觉器官也发展起来，而且越来越灵敏，这是其他动物无法超越的。劳动使猿转变成人，使人的手得以解放，使人的语言得以产生，使人的脑得以形成，使人的感觉器官得以发达，进而产生了人的意识，所以意识也是劳动的产物。

［资料来源：中共中央马克思恩格斯列宁斯大林著作编译局.马克思恩格斯选集（第4卷）.北京：人民出版社，1995.有改动］

（三）劳动创造性

劳动具有自觉意识和能动性，它是具有目的的活动。然而有自觉能动意识、有目的性的活动，并不都是劳动。因为人是有意识和思想的，人的一切活动都受意识的支配。例如，旅游、跳舞、吃饭、睡觉，虽然具有目的性，但就不能称为劳动。只有那些能够创造出物质财富和精神财富的创造性活动，才能称为劳动。而前面所说的消费性活动，则不能称为劳动。

案例分享

★★★★★

“社会主义是干出来的，幸福是奋斗出来的”

“社会主义是干出来的，幸福是奋斗出来的。”2020年6月8日下午，习近平总书记在宁夏吴忠市利通区金花园社区考察时这样强调。

2016年7月，同样是在宁夏，习近平总书记在宁东能源化工基地考察时发出了“社会主义是干出来的”的响亮号召，强调民族复兴事业前途光明，全面建成小康社会胜利在望，我们要埋头苦干、真抓实干，不断取得一个个丰硕成果。

中华民族向来以勤劳著称于世，“中国人民是具有伟大奋斗精神的人民”。2018年3月，在第十三届全国人民代表大会第一次会议上的讲话中，习近平总书记从八个方面高度概括了中国人民“革故鼎新、自强不息”取得的成果：“开发和建设了祖国辽阔秀丽的大好河山，开拓了波涛万顷的辽阔海疆，开垦了物产丰富的广袤粮田，治理了桀骜不驯的千百条大江大河，战胜了数不清的自然灾害，建设了星罗棋布的城镇乡村，发展了门类齐全的产业，形成了多姿多彩的生活。”正是在这样的伟大实践中，中国人民明白了这样一个简单却又深刻的道理：世界上没有坐享其成的好事，要幸福就要奋斗（图1-3）。

图1-3　幸福生活需要努力奋斗得来

“今天，中国人民拥有的一切，凝聚着中国人的聪明才智，浸透着中国人的辛勤汗水，蕴涵着中国人的巨大牺牲。”经过70多年的不懈奋斗，神州大地沧海桑田换了人间：从一穷二白，到成为世界第二大经济体，成为世界经济增长的主要动力源；从连火柴、煤油都要进口，到成为唯一拥有联合国产业分类目录中全部工业门类的制造业第一大国；从民不聊生、哀鸿遍野，到建成覆盖十几亿人的世界最大社会保障网，7亿多农村贫困人口成功脱贫，人民生活迈向全面小康，精神面貌焕然一新……历史深刻证明，对于中国这样一个有着14亿人口的大国来说，好日子等不来、要不来，唯有奋斗，别无他路。

历史的航程，是由一段一段的奋斗连接起来的。经过长期努力，中国特色社会主义进入了新时代，但中华民族伟大复兴绝不是轻轻松松、敲锣打鼓就能实现的。“我们具备过去难以想象的良好发展条件，但也面临着许多前所未有的困难和挑战。”2020年是第一个百年奋斗目标的收官之年，在决胜全面建成小康社会、决战脱贫攻坚到了“临门一脚”的关键时刻，又遭遇新冠肺炎疫情影响，困难和挑战叠加，容不得有半点懈怠。

“社会主义是干出来的！”全党全国人民牢记习近平总书记的叮嘱，不忘初心、牢记使命、奋发有为，就必定能创造属于新时代的光辉业绩。

（资料来源：“社会主义是干出来的”.求是网，2020.有改动）

三、劳动的分类

人们按照不同的标准、从不同的角度，可以将劳动分成不同的种类。

（一）脑力劳动、体力劳动和生理力劳动

一般的人类劳动由体力劳动、脑力劳动与生理力劳动按照不同的比例关系组合而成。

体力劳动是指以人体肌肉与骨骼的劳动为主、以大脑和其他生理系统的劳动为辅的人类劳动。体力劳动强度分级是中国制定的劳动保护工作科学管理的一项基础标准，是确定体力劳动强度大小的根据。应用这一标准，可以明确工人体力劳动强度的重点工种或工序，以便有重点、有计划地减轻工人的体力劳动强度，提高劳动生产率。体力劳动强度按劳动强度指数大小分为：Ⅰ级体力劳动（轻劳动）、Ⅱ级体力劳动（中等劳动）、Ⅲ级体力劳动（重劳动）、Ⅳ级体力劳动（极重劳动）四种。

脑力劳动是指以大脑神经系统的劳动为主、以其他生理系统的劳动为辅的人类劳动。脑力劳动是以脑力消耗为主的劳动，是质量较高的复杂劳动。其特征在于劳动者在生产中运用的是智力、科学文化知识和生产技能，故亦称“智力劳动”。脑力劳动分为四种基本形态：创造知识的脑力劳动、传授知识的脑力劳动、管理知识的脑力劳动和实现知识的脑力劳动。

生理力劳动是指除了体力劳动和脑力劳动以外的其他形式的人类劳动。生理力劳动分为恢复性生理力劳动、加强性生理力劳动、生育性生理力劳动三种。例如，人口的生产过程虽然以生理力劳动为主，但也伴随着一定的体力劳动和脑力劳动。

拓展阅读

★★★★★

脑力劳动四种形态

一是创造知识的脑力劳动。其职能是对自然科学和社会科学进行创造性的研究、探讨，劳动成果表现为精神产品，即应用自然科学、理论自然科学和理论社会科学。创造知识的脑力劳动是潜在的生产力，一般不直接形成价值，但科学技术日益变为直接生产力。

二是传授知识的脑力劳动。其职能是从事传授知识和技术的教育工作，劳动成果表现为知识转移，使更多的人掌握更多的文化、科学技术，一般也不直接创造价值，而是通过培养人，提高劳动者的质量，间接创造价值。

三是管理知识的脑力劳动。其职能是进行宏观经济和微观经济管理及其他管理、组织生产、调节生产关系与生产力之间的矛盾，调节生产力内部的矛盾，劳动成果表现为国家、社会部门、企业管理水平的提高。这种形态的脑力劳动通过组织管理，将潜在的生产力转化为现实的生产力。

四是实现知识的脑力劳动。其职能是将人类创造的和学习到的知识技术付诸实践，变为现实的生产力。劳动成果表现为物质产品或劳务的增加、非物质生产的发展。这种类型的脑力劳动属于物质生产领域的部分，直接创造价值，属于非物质生产领域部分，间接影响价值。

（资料来源：顾明远.教育大辞典.上海：上海教育出版社，1998.有改动）

（二）具体劳动和抽象劳动

马克思在剖析商品的价值和使用价值的时候指出：生产商品的劳动有着两个方面，即生产使用价值的具体劳动和生产价值的抽象劳动。

具体劳动也称为有用劳动，是指在一定的具体形式下进行的劳动。具体劳动包括人们的劳动目的、劳动工具、劳动对象、操作方法和劳动结果五个要素。由于劳动的目的、使用的工具、加工的物质对象和采用的操作方法不同，便可生产出具有不同使用价值的物品。例如，木匠制造家具的具体劳动，是用斧子、锯、刨、凿等劳动工具对木材等劳动对象进行加工，结果生产出桌、椅、柜、床等产品；农民种地的具体劳动则是用拖拉机、收割机、犁、耙等劳动工具，进行翻地、播种、收割等活动，从而收获农产品。我们可以看到，由于生产的使用价值众多，相应的具体劳动方式也很多。具体劳动体现着人和自然的关系。

抽象劳动是撇开劳动的具体形式的一般人类劳动。尽管生产商品的劳动的具体形式千差万别，但它们都是人类劳动力的耗费，这是无差别的。不论是种地，还是织布，都是人类劳动力的支出，即人的脑、肌肉、神经、手等的生产耗费。从这个意义上来说，种地和织布的劳动，不过是耗费人类劳动力的两种不同的形式。这种抽去了具体形式的一般人类劳动，就是抽象劳动，它形成商品的价值。

以手机（图 1–4）这个商品为例：具体劳动创造的是商品的使用价值，即人们使用手机满足自己的使用需求的价值；抽象劳动形成的是商品的价值实体，商品价值体现的是人类劳动本身，是一般人类劳动的耗费，即制造手机所耗费的劳动力、体力和脑力等。

图 1–4　手机已经是人们日常生活的重要组成部分

（三）简单劳动和复杂劳动

简单劳动是指不必经过特别训练、每个正常的劳动者都能从事的劳动。复杂劳动是需要经过专门训练、具有一定技术专长的劳动者才能从事的劳动。它包含着比较多的技巧和知识的运用，是倍加的简单劳动。马克思指出：比社会平均劳动较高级较复杂的劳动，是这样一种劳动力表现，这种劳动力比普通劳动力需要较高的教育费用，它的生产要花费较多的劳动时间。因此，它具有较高的价值。

拓展阅读

★★★★★

如何区分简单劳动和复杂劳动

在 20 世纪 80 年代中期，脑体倒挂普遍。那时社会上流行的是“造原子弹的不如卖茶叶蛋的”“拿手术刀的不如拿剃头刀的”等俗语。商品的价值是凝结在商品中的无差别的人类劳动，价值量的大小则由生产商品的社会必要劳动时间决定，生产商品所耗费的劳动量越大，商品价值量也越大。但是，在相同的时间内，复杂程度不同的劳动所创造的价值量是不同的，复杂劳动所创造的价值量等于自乘的或说倍加的简单劳动所创造的价值量。所以，在相同的时间内，造原子弹的和拿手术刀的复杂劳动所创造的价值量远远大于卖茶叶蛋的和拿剃头刀的简单劳动所创造的价值量。

一切从事科学研究的复杂程度相当高的劳动的劳动者所创造的价值量，在相同时间内大于搬运、剃头等简单劳动所创造的价值量。

（资料来源：作者根据资料整理撰写）

（四）必要劳动和剩余劳动

必要劳动是指劳动者为生产维持劳动力再生产所必需的那部分社会产品而耗费的劳动。劳动者为维持本人及其家属的生活、再生产劳动力，需要一定量的社会产品，这部分产品称为必要产品。生产必要产品所耗费的劳动称为必要劳动。从事这种劳动的时间称为必要劳动时间。必要劳动时间的长短一方面取决于必要产品的数量和范围，另一方面取决于劳动生产率的高低。在必要产品的数量和范围为既定的条件下，劳动生产率是决定必要劳动时间长短的主要因素。

剩余劳动是指超过维持劳动力生产和再生产需要的劳动。在私有制社会中即为剥削者所占有的劳动。在社会主义社会中，剩余劳动仍将长期存在，但剩余劳动所创造的产品归社会支配，用以扩大再生产和提高劳动者的物质和文化生活水平。

例如，如果你是开挖掘机的工人，今天开挖掘机 10 小时，给公司创造 500 元的价值（平均每小时 50 元），老板给你发了 200 元的工资，你今天各种乱七八糟的开销 100 元（包括吃饭以外的其他开销），那么你的必要劳动就是这 100 块钱，折合劳动时间就是 2 小时，也就是说，你今天只要干 2 个小时就足够各方面的开销。至于多干这 8 个小时，就是剩余劳动。也正是因为你多干了 8 个小时，给整个社会创造了财富，人类社会才得以物质资料极大发展。

此外，依据其他的分类标准，还可以将劳动分为技术性劳动与非技术性劳动、生产性劳动和劳务性劳动、物质生产劳动和精神生产劳动、私人劳动和社会劳动等。

案例分享

劳动最有滋味

劳动是最有滋味的事。肯劳动，连过年都更有滋味，更多乐趣。

记得当我还是个孩子的时候，家里很穷，所以母亲在一入冬就必须积极劳动，给人家浆洗大堆大堆的衣服，或代人赶做新大衫等，以便挣到一些钱，作过年之用。

姐姐和我也不能闲着。她帮母亲洗、做；我在一旁打下手儿——递烙铁、添火、送热水与凉水，等等。我还兼管喂狗、扫地，给灶王爷上香。我必须这么做，以便母亲和姐姐多赶出点活计来，增加收入，好在除夕和元旦吃得上饺子！

快到年底，活计都交出去了，我们就忙着筹备过年。我们的收入有限，当然不能过个肥年。可是，我们也有非办不可的事：灶王龛上总得贴上新对联，屋里总得大扫除一次，破桌子上已经不齐全的铜活总得擦亮，猪肉与白菜什么的也总得多少买一些。从大户人家来看，我们这点筹办工作的确简单得可怜。我们自己却非常兴奋。

我们当然兴奋。首先是我们过年的那一点费用是用我们自己的劳动换来的，来得硬正。每逢我向母亲报告：当铺刘家宰了两口猪，或放债的孙家请来三堂供佛的，像小塔似的头号“蜜供”。母亲总会说，咱们的饺子里菜多肉少，可是最好吃！当时，我不大明白为什么菜多肉少的饺子最好吃。在今天想起来，才体会到母亲的话里确有很高的思想性。是呀，我们的饺子不是由开当铺或放高利贷得来的，怎么能不好吃呢？刘家和孙家的饺子想必是油多肉满，非常可口，但是我们的饺子会使我们的胃里和心里一齐舒服。劳动使我们穷人骨头硬，有自信心。回忆起来，在那黑暗的岁月里，我们一家子闯过一关又一关，终于挣扎过来，得到解放，实在不能不感谢共产党，也不能不提到母亲的热爱劳动。她不懂得革命，可是她使儿女们懂得：只有手脚不闲着，才不至于走到绝路。

我还体会到：劳动会使我们心思细腻。任何工作都不是马马虎虎就能做好的。马马虎虎，必须另做一回，倒不如一下手就仔仔细细，做得妥妥帖帖。劳动与取巧是接合不到一处的。要不，怎么劳动会改变一个人的气质呢？

（资料来源：老舍.老舍儿童文学作品选.长沙：湖南文艺出版社，2013.有改动）

第二节　树立正确的劳动价值观

一、马克思主义劳动观

扫一扫　看一看

劳动是马克思用以分析人类历史发展的核心范畴之一。人类历史是以人的物质劳动作为载体的历史，劳动在整个人类社会和社会历史的发展中处于关键性地位。在历史唯物主义的视域中，马克思对人类劳动的基本价值进行的分析主要表现为劳动创造世界、劳动创造历史和劳动创造人本身三大主张。

拓展阅读

历史唯物主义

历史唯物主义亦称“唯物史观”，它是关于人类社会历史发展普遍规律的科学，是马克思主义哲学不可分割的重要组成部分，与剩余价值学说并称为马克思的两个伟大发现。

历史唯物主义是马克思和恩格斯在19世纪中期创立的。它是19世纪资本主义大工业及与之相应的社会经济关系和阶级关系等特定社会历史的产物，是人类认识发展的必然结果。马克思和恩格斯亲身参加无产阶级的革命实践，总结实践经验，继承人类思想优秀成果，把唯物主义贯彻到社会历史领域，创立了历史唯物主义。

在《1844年经济学哲学手稿》《神圣家族》《关于费尔巴哈的提纲》《德意志意识形态》《哲学的贫困》《共产党宣言》等著作中，马克思和恩格斯批判了唯心史观，表达了他们逐步形成的历史唯物主义思想。马克思和恩格斯合著的《德意志意识形态》最先系统地论述了历史唯物主义的基本思想，指出它是从物质实践出发来解释各种观念。1859年马克思在《〈政治经济学批判〉序言》中对历史唯物主义的基本观点做了精辟的概括，他指出，人们在自己生活的社会生产中发生一定的、必然的、不以他们的意志为转移的关系，即同他们的物质生产力的一定发展阶段相适应的生产关系。这些生产关系的总和构成社会的经济结构。马克思还指出了几个社会形态演进的历史进程。马克思在《资本论》及恩格斯在《反杜林论》《家庭、私有制和国家的起源》《路德维希·费尔巴哈和德国古典哲学的终结》等著作中进一步阐述了历史唯物主义的内容。19世纪八九十年代，针对把唯物史观歪曲为“经济唯物主义”等错误观点，恩格斯在一系列书信中进一步阐述了社会历史辩证运动的规律，丰富和发展了历史唯物主义。

列宁在帝国主义和无产阶级革命的新的历史条件下，捍卫和发展了历史唯物主义。中国共产党把马克思主义基本原理与中国具体实际相结合，实现了马克思主义中国化的两次历史性飞跃，产生了两大理论成果，即毛泽东思想和中国特色社会主义理论体系、关于中国革命和中国社会主义建设的一系列重要论述，丰富和发展了历史唯物主义。

历史唯物主义第一次科学地回答了历史观的基本问题，即社会存在和社会意识的关系问题，指出社会存在决定社会意识，社会意识是社会存在的反映，又能动地反作用于社会存在。历史唯物主义阐明：物质生活资料的生产活动是人类社会赖以生存的前提；人类社会的发展是一个自然历史过程，社会运动是特殊的物质运动状态，有其独特的客观规律；生产力与生产关系、经济基础与上层建筑构成了社会有机系统，生产力与生产关系、经济基础与上层建筑之间是辩证统一的关系，物质资料的生产方式是社会发展的决定力量，社会基本矛盾即生产力与生产关系、经济基础与上层建筑之间的矛盾，是社会发展的内在动力；社会基本矛盾在阶级社会中表现为阶级矛盾和阶级斗争，阶级斗争是阶级社会发展的直接动力；历史是人们自己创造的，人民群众是历史的创造者，每个人都对形成历史的合力有所贡献，杰出人物在历史上起着重要作用。

（资料来源：徐光春.马克思主义大辞典.武汉：崇文书局，2018.有改动）

（一）劳动创造世界

马克思认为，构成人类赖以存在的现实世界的关键要素之一正是人的劳动，而且这种劳动是现实生活中的人的感性物质劳动，即作为人类实践活动最基本形式的“生产劳动”。马克思认为，这是区分人与动物的关键。“当人开始生产自己的生活资料，即迈出由他们的肉体组织所决定的这一步时，人本身就开始将自己和动物区别开来。人们生产自己的生活资料，同时间接地生产着自己的物质生活本身。”从这里可以看出，人类的生产劳动都是有意识、有目的的活动，试图创造出一个可以满足人类生活需要的物质世界。

但是，在马克思看来，从事生产劳动的个体“并不是处在某种虚幻的离群索居和固定不变状态中的人，而是处在现实的、可以通过经验观察到的、在一定条件下进行的发展过程中的人。”这使劳动个体的生产劳动并不只是单一地生产出外部物质世界的现实性，而且生产出人类社会生活的现实性。因此，马克思历史唯物主义所理解的世界，本身是人类的现实生产劳动的结果，而不是与人类的现实生产劳动无关的抽象的外在实体。

也正是通过劳动，人类和外部世界的关系才发生了根本性的转变，原先自在意义的自然世界逐渐成为自为意义的人类世界。在这一世界中，关键性的问题不再是通过劳动来解释或实现，而是改变或改造世界。作为人类最基本实践活动形式的劳动，也不再只是单纯地依靠人的感性活动，而是将感性活动转变为人的现实社会活动。由此，马克思正式揭示了劳动的社会规定性，并从人与人的社会关系层面来理解和把握劳动，从而实现了历史唯物主义对之前一切旧唯物主义的根本性超越。

（二）劳动创造历史

在马克思看来，只有人类的生产劳动才真正构成人类历史的基础，才是解开人类历史发展秘密的钥匙。他说：人们为了能够“创造历史”，必须能够生活。但是为了生活，首先就需要吃喝住穿及其他一些东西。因此，第一个历史活动就是生产满足这些需要的资料，即生产物质生活本身，而且，这是人们从几千年前直到今天单是为了维持生活就必须每日每时从事的历史活动，是一切历史的基本条件。因此，只有立足于生产劳动才能真正理解人类历史的发展，只有劳动人民才是历史的创造者，而人类创造历史的行动蕴含在日常生产劳动之中。马克思由此批判了各种独立于人的生产劳动之外的唯心主义历史观，并将劳动看作建立历史唯物主义的基石，人类历史发展的一切现实性都离不开人的劳动过程。对于马克思的这一伟大发现，恩格斯曾经鲜明地指出：历史破天荒第一次被置于它的真正基础上；一个很明显的而以前完全被人忽略的事实，即人们首先必须吃、喝、住、穿，就是说首先必须劳动，然后才能争取统治，从事政治、宗教和哲学等，这一很明显的事实在历史上的应有之义此时终于获得了承认。总的来看，在马克思的历史唯物主义中，劳动被看作“一切历史的基本条件”和“人类的第一个历史性活动”，既是人类历史发展的事实起点，也是整个历史唯物主义架构的逻辑起点。马克思正是通过劳动来揭示物质资料生产的作用，发现了人类社会关系发展的客观规律性；并由此肯定了人的主体地位，继而发现劳动人民在历史发展中的伟大作用。而这正是马克思全面建立历史唯物主义的两个理论准备。

（三）劳动创造人本身

马克思深刻指出，劳动不仅创造出人类的物质世界和社会历史，同时，创造了人类自己。“劳动首先是人与自然之间的过程，是人以自身的活动来中介、调整和控制人和自然之间物质交换的过程。”这是由于为了能够在对自身生活有用的形式上占有自然物质，人类必须使身上的自然力——臂和腿、头和手运动起来，而当人类通过这种运动作用于自身外的自然并改变自然时，也就同时改变自身所处的社会生活及人类本身。因此，“劳动是整个人类生活的第一个基本条件，而且达到这样的程度，以致我们在某种意义上不得不说：劳动创造了人本身”。对此，恩格斯在《自然辩证法》一书中依据当时的科学研究成果，从人类起源的意义上论证了劳动在从猿到人的转变过程中具有决定性作用。这种决定性作用主要体现在两个方面：不仅在人类的起源意义上，是劳动创造了人本身；而且在人类的进化意义上，也是劳动创造了人本身。正是在改造世界的劳动过程中，人类才真正地证明自己是类存在物，而劳动就是人类能动的类生活。人只有通过作为类生活的劳动，“自然界才表现为他的作品和他的现实。因此，劳动的对象是人的类生活的对象化：人不仅像在意识中那样在精神上使自己二重化，而且能动地、现实地使自己二重化，从而在他所创造的世界中直观自身”。总之，劳动不仅是人的本质规定，更是人类自身生产和再生产的创造过程。

案例分享

“老干妈”的故事

“老干妈”（图 1–5）一年能卖出 6 亿瓶，这是一个天文数字！

图 1–5 “老干妈”生产线

其创始人陶华碧曾在 2018 年新财富 500 富人榜中以 90 亿元排第 334 名。但是，你只看到“老干妈”和陶华碧的人前显贵，却不知道她背后经历的苦难有多么深重！那么，是什么支撑着陶华碧，让她没有被苦难击垮，反而逆袭创造了别人难以企及的成就呢？

“老干妈”的创始人陶华碧出生于 1947 年，那个时候中华人民共和国还没有成立，她是家里的老八，一出生就吃不饱穿不暖，每年只有到过年的时候才能吃一顿肉。

在 20 岁的时候，命运出现了转折，她嫁给了地质队的一个会计，生活上衣食无忧。可是不久，丈夫患了重病，卧床不起。她既要赚钱为丈夫治病，又要抚养两个未成年的儿子，全家的重担落到了她柔弱的肩膀之上。

不久，丈夫不幸去世，留下她们孤儿寡母。为了孩子，她坚决不改嫁，独自一个人承担起抚养两个孩子的重任。

本以为孩子逐渐长大她可以轻松一下，但是，在农村有两个儿子，就像有两座大山压着她，必须要赚钱为两个儿子盖房子、攒聘礼，才能让两个儿子娶上媳妇。

为了挣钱，陶华碧忘掉了自己是一个女人，她干了男人都不愿意干的活！

为了挣钱，她在建筑公司背过黄泥巴，每次都要背100多斤，别人一天背十几趟，而她要背几十趟。

为了挣钱，她抡过铁锤，最小的都近20斤，一般男人抡4个小时都受不了，而她为挣钱要抡十几个小时。

为了挣钱，她摆摊卖过菜、开过凉粉摊，还开过简易的饭店。可以说，为了挣钱养家，她干了力所能及和力所不能及的脏活、累活！

陶华碧前半生经历的所有苦难，是很多人难以承受的，在她人生最困难的时候，没有人伸出援助之手！她可以抱怨，她可以恨，恨老天对她不公平；她同样也可以仇视亲戚朋友、仇视社会、仇视所有人。

但是，如果陶华碧那样做了，她就只不过是一个怨妇而已，就没有了现在“老干妈”的辉煌！

有人说是因为陶华碧有文化，能够起“老干妈”这样一个好的名字。

的确，一个品牌名字起好了，就成功了一半。但是，“老干妈”这个名字的由来和陶华碧的文化没有一点儿关系，因为她没上过学，只会写自己的名字。“老干妈”名字的真正由来只和两个字有关，那就是“善良”！

1989年，42岁的陶华碧开了一家饭店叫实惠饭店。听名字好像很大，其实就是她用废弃的砖头、旧石棉瓦盖的简陋的棚子，棚子里面摆设也很简单，几张桌子，几把椅子，再加上一口锅和碗筷。饭店开张后因为特别实惠，所以生意兴隆。

饭店旁边有一所学校，学生们经常来吃饭。陶华碧发现其中有一个孩子，不好好学习，还经常打架斗殴。陶华碧觉得这个孩子如果这样下去这辈子就完了。

经过打听后，陶华碧得知这个孩子家里很穷，父母没钱给他买午饭。为了有饭吃，这个孩子就在同学里面充当老大，这样一些有钱的孩子，会主动“孝敬”他。

陶华碧明白了，这个孩子不是本身愿意打架，而是为了生存。了解情况以后，这个孩子再来吃饭，陶华碧就不再收他的饭钱，而且对孩子嘘寒问暖，百般关心。

渐渐地这个孩子被陶华碧的良苦用心感动了。有一天，他吃饭后，突然叫了陶华碧一声“干妈”。

见有人喊“干妈”，孩子们就一起喊了起来，因为陶华碧并不是帮这一个孩子，其他孩子如果衣服破了，她也帮着补；吃饭没有带钱，她就记账，也从来不催要。

这些孩子的父母因为忙于生计，大部分没有时间管他们，陶华碧对他们就像母亲一样，他们心里早就认可陶华碧这个“干妈”。

陶华碧已经快50岁了，有些人在喊“干妈”的时候又在前面加了一个“老”字，就这样，附近的人都知道有一个实惠饭店，实惠饭店有一个善良的“老干妈”。

还有人说，“老干妈”之所以能成功和陶华碧把自己的头像印在商品上面有很大关系，因为这让很多人想起了妈妈的味道。他们觉得陶华碧非常懂得营销，是一个营销的天才。然而，陶华碧没有上过MBA，也没有去学习过任何企业管理课程。

那么，陶华碧为什么会把头像印在商品上面呢？其实也是源于她的善良。

陶华碧觉得自己做产品质量永远是第一位，把头像印在商品上面，就是给消费者一种承诺、一种安心。如果质量出现一点问题，所有的人都能认得出她。

所以，把头像印在商品上面，这对她是一种督促，更是源于她内心的一种善良。

格局决定成败：有很多人热衷学习经济管理，可是学习了那么多，自己的企业仍然经营不好。为什么？因为那都是“术”，他们没有抓住“道”。没有“道”，那些“术”都是无根之木、无源之水。

陶华碧没有“术”，她只用“善良”这个“道”，成就了今日的成功。

（资料来源：迟忠波.“老干妈”陶华碧：保持善良，上天会加倍补偿你的苦难.中外管理，2018.有改动）

拓展阅读

异化劳动

马克思在《1844年经济学哲学手稿》中提出异化劳动，这个概念是在他前期思想发展积淀的基础上、对前人及同时代的人的异化理论批判地吸收过程中形成的。在马克思看来，人之所以成为人，是由生产劳动决定的，生产劳动或自由自觉的活动，是人类的本质。劳动联结着人与对象世界。人是一种对象性的存在物，同时人又拥有包括体力、目的、计划、智慧等本质力量。人通过劳动，把人自己的本质力量转移、印刻在对象世界上，创造出一个属人的对象性世界。作为人的类本质的劳动，对象世界、劳动产品、对象性活动，应是人的本质力量的“表现”和“确证”。在马克思看来，劳动应该是劳动主体主动创造对象以实现自身的活动，应该体现着劳动主体的本质，但是在私有制条件下，劳动却变成了一种不依赖于劳动主体并反过来支配和奴役其自身的活动，劳动具有了异化的性质。异化劳动的具体表现为：①劳动成果与劳动相异化。②劳动本身与劳动者相异化。③劳动者同他的类本质相异化。④以上三种事实所造成的结果，就是人同人相异化。

（资料来源：徐光春.马克思主义大辞典.武汉：崇文书局，2018.有改动）

二、新时代劳动观

在2013—2016年的五一国际劳动节，习近平总书记连续4年发表系列重要讲话，就劳动、中国梦、劳动者、劳模精神等内容进行了深刻阐述。党的十九大报告中也提出了一系列与劳动息息相关的重要论断。

（一）新时代的劳动实践观

从马克思的“劳动创造了人本身”到习近平总书记强调的“劳动是人类的本质活动”，既是对唯物史观劳动价值的继承与发展，也是在新时代中国特色社会主义伟大事业中的生动诠释。

“社会主义是干出来的”，也充分体现了马克思主义的实践观思想。新时代中国特色社会主义劳动观夯实了全民族“实干兴邦”的劳动实践观，鼓励劳动人民以辛勤劳动、诚实劳动和创造性劳动成就中华民族的伟大梦想（图 1–6）。

图 1–6 劳动是实现中国梦的重要保障

案例分享

★★★★★

周树春：焊花飞溅写青春

“一点都不能差，差一点都不行”，这是中国十九冶职教中心教师、中冶集团首席技师周树春在他焊接世界里践行的工作准则。

全国五一劳动奖章、全国冶金建设行业技术能手、全国冶金建设高级技能专家、全国青年岗位能手、全国技术能手……多年来，周树春不断获得各种荣誉。不仅如此，作为焊接项目中国代表队主教练，周树春带领参赛选手连续参加 3 届世界技能大赛，取得了该项赛事中国首枚银牌、首枚金牌。

从入行时的茫然无措到现在的焊接之星，20 多年来，周树春用焊花书写着青春之歌。1974 年出生的周树春，在 18 岁时作为一名轮换工走进了父亲曾经工作的企业。上班第一天，面对自己从未见过的机械构件，周树春感到茫然无措。但性格质朴的他却不肯服输，暗下决心：无论多苦、多难、多累都不能退缩，一定要成为一名优秀的焊工。从此，焊枪成了他形影不离的“伴侣”。从来没有接受过专业学习的他勤勉努力，虚心求教，白天忙干活，晚上学理论，他发誓要做一名技术过硬、理论扎实的现代工人。多年来，他自学了《管道焊接技术》《焊接热过程与熔池形态》等几十本专业图书，读书笔记达数十万字。

功夫不负有心人，辛勤的耕耘终获丰厚的回报。周树春先后掌握了12种国际、国内前沿焊接技术，提炼总结出13种焊接操作方法。他不但成长为公司的技术精英，而且在专业学术领域斩获颇丰。

熟悉周树春的人对他评价最多的就是："这是一个踏实勤奋、善于钻研、肯动脑筋的年轻人！"在许多施工项目中，都有他凭借精湛技艺攻坚克难的故事。

昆钢高炉焊接，作业面狭窄，焊口隐蔽，管道内空气流动性大。周树春主动请缨，大胆采用在管道中充氩气置换、隐蔽部位用镜子反射焊口的巧妙办法，一举攻克难关。300多道焊口，检测合格率达98%，展示了他独树一帜的精湛技艺。

邯郸高炉炉体风口大套焊接，坡口及工艺措施不当，接头产生严重层状撕裂。他仔细分析接头产生层状撕裂的原因，运用"Z因子"控制原理，编制了炉皮与风口大套现场焊接工艺，严格按施工工艺操作，成功地解决了焊接裂纹问题，挽回经济损失上千万元。

巴布亚新几内亚瑞木镍钴矿浆管道铺设，地形复杂，高温多雨，且第一次焊接全球最大口径长输矿浆管道X60管线钢。周树春结合现场地质、气候条件，通过数百次的实验，精确计算出焊接电流电压、焊接速度、送丝速度、焊丝伸出长度等参数，成功创造出纤维素型焊条和药芯焊丝自保护焊下向焊的X60管线钢焊接新工艺，将矿浆管道每道焊口的焊接时间由3小时缩短至40分钟，为顺利施工提供了坚强有力的技术支撑。

由周树春研发的X60管线钢焊接工艺填补了国内该类工程焊接技术的空白。经此工艺焊接的6 000多道焊口，经X射线探伤检测，合格率达98.7%；经12.3 MPa水压检测，合格率达100%。在巴布亚新几内亚国土蜿蜒的66.9千米的"银色巨龙"——镍钴矿浆管道，既是周树春焊接青春的光辉写照，更是中国焊工创造奇迹的见证。

"中国焊工，焊接世界"的口号响彻神州！

作为一名普普通通的中国共产党党员，周树春在平凡的岗位上，用勤勉敬业的态度、敢为人先的冲劲、大公无私的奉献演绎出了新时代工人党员的本色。

（资料来源：何卫华，林峰. 大学生劳动教育理论与实践教程. 厦门：厦门大学出版社，2019. 有改动）

（二）新时代的劳动发展观

习近平总书记指出"劳动是推动人类社会进步的根本力量"，进一步强调了劳动创造的历史价值和重要意义，丰富和完善了马克思主义劳动观。从马克思认为的"劳动是任何一个民族存在和发展的基础"到习近平总书记的"劳动开创未来"，揭示了劳动与社会发展的本质联系。实现中华民族伟大复兴是中国未来的发展方向，劳动则是实现社会发展走向民族复兴的根本路径。劳动是通向未来的必经之路。只有脚踏实地地劳动，才能描绘出更加绚丽的美好未来。

（三）新时代的劳动价值观

习近平总书记在多次讲话中阐述了劳动态度、劳动模范和劳模精神等在中国特色社会主义事业中的重要作用。他号召全社会应始终弘扬劳动精神、劳模精神和工匠精神，为党和国家事业发展汇聚强大的动力，为实现中国梦提供“崇尚劳动”的价值引领。从国家维度，要始终弘扬劳动精神，为实现中华民族伟大复兴的中国梦注入强大的精神动力。从社会维度，弘扬劳动精神有利于在全社会营造崇尚劳动的浓厚氛围和敬业风气，为中国特色社会主义事业汇聚起精神能量。从个人维度，榜样的力量是无穷的，劳动精神可以感染并引领广大劳动者勤奋做事（图 1-7）、勤勉做人、勤劳致富，培育和践行社会主义核心价值观。

图 1-7　在重工车间里进行焊接的工人

案例分享

梁增基：黄土地上的育种人

在陕西省长武县流传着一句话：“要吃粮，找老梁”，说的是长武县农业技术推广中心退休研究员梁增基。82 岁的老梁是广东人，大学毕业后一头扎进大西北黄土高原的山坳里，潜心于小麦育种的难题攻关，一待就是半个多世纪。由他培育出的 7 个小麦新品种先后通过国家和省级的审定，被大面积推广，推广后累计增产小麦 25 亿千克以上，增加经济效益 40 亿元以上。如今，已到耄耋之年的梁增基还成天“泡”在地里，和他的种子打交道，延续着他的“育种传奇”。

梁增基操着一口夹杂着广东口音的陕西话，乍一听不太好懂，但对于长武当地的农民来说，特别熟悉、特别亲切。这几天，梁增基正在地里忙着指导农民整理实验田。风很大，老梁的旧皮鞋上早已沾满了细细的黄土末，花白的头发梢、粗糙的黑脸庞也蒙着薄薄一层黄土，但他顾不上掸一下，眼睛紧盯着锄头，怕碰伤了田里的麦苗。

秋收的季节刚过不久，冬小麦也冒出了头，82 岁的梁增基却还是闲不住，成天拎着挎包和水杯往田里跑，一待就是一整天。女儿梁瑞芳笑着说，爸爸 20 多年前就退休了，但他们愣是没感觉到，因为老人从工作到现在从没有放下过工作，也没有节假日，应该是退而不休，在家里坐不住，谁都挡不住他。

这样的工作状态已经延续了 50 多年。1961 年，从西北农学院毕业的广东青年梁增基被分配到西北腹地的长武县搞小麦种子培育工作。刚到长武县，他就被眼前的景象震住了：漫山遍野的沟壑，光秃秃的山坡，水土流失这么严重，哪里能长出麦子呢？

土生土长的长武县农民王连和回忆说，小时候，家里餐桌上只有榆树叶、红薯秧、窝窝头，就这还少得可怜。人饿得发慌，上学的时候总是饿着肚子。

梁增基发现，在长武县，农民们种的大头儿是小麦，吃的大头儿却是高粱糜子。小麦产量太低，亩产 50 千克就算好收成。究其原因，是这里的小麦抗冻性和抗病性太差，来一场条锈病，就能让产量损失 70%。“抗冻”和“抗锈”成了梁增基的两块“心病”。

周而复始，年复一年，梁增基在地里整地划区，拉行开沟，各式各样的品种撒进实验田，锄草、施肥，小麦扬花抽穗时一株一株选、一棵一棵做记号。通过无数次品种杂交摸索规律，梁增基终于取得了成功。在农民王连和的回忆里，从 1971 年往后，大家伙儿终于可以撒开欢儿吃白面馍馍了。“一亩地能打八九百斤粮食，老百姓能吃饱而且有余粮，一家种一亩多地现在还有余粮呢。梁老师给长武人办了实事。”

农业专家评价说，“梁增基不光让农民吃饱了饭，他更大的贡献是将小麦条锈病挡在了地处陕西最西边的长武，阻断了条锈病向东传播的通道。长武县形成了条锈病隔离带，守护着陕西的西大门，关中这几年粮食增产的效益是无法估量的。”

从一个吃着稻米长大的“岭南人”，到习惯了蒸馍、面条的“西北人”，梁增基在旱塬上的一个县级农技站扎根 50 多年，取得了多项重大科研成果，创造了黄土地里的育种奇迹。也曾有大城市的大单位要挖他，甚至专程派人到长武，把新房钥匙送到他家中，但梁增基拒绝了。他说，黄土地里的人生让他感到畅快，能看着麦苗蹭蹭长大，他就打心眼里高兴。

（资料来源：央广网，有改动）

三、树立正确的劳动价值观

劳动是国家发展的动力，是民族复兴的基石。中华人民共和国成立后，党中央高度重视五一国际劳动节，通过表彰全国劳动模范和先进工作者（图 1-8），弘扬劳动精神，树立正确劳动观和价值观。青少年时期是树立正确价值观的关键时期，作为学生，我们要从以下几个方面树立正确的劳动价值观念。

图 1-8　全国五一劳动奖章

（一）为建设社会主义、实现共产主义而劳动

无产阶级劳动观集中反映了无产阶级和广大人民群众的根本利益，它能够促进社会主义物质文明和精神文明建设的深入发展。我们应在工作实践中努力树立无产阶级的劳动观。我国已经走过了 70 多年艰难曲折而又光辉灿烂的道路，各方面都取得了巨大的成就。但我国是发展中国家，摆在面前的困难仍然很多，距离社会主义现代化建设目标的宏伟蓝图还有差距，距离实现共产主义的最终奋斗目标相差更远。我们的任务是艰巨的，还须付出比当今发达国家更加艰辛的劳动，才能缩短差距，逐步达到我们的理想境界。如何更加勤奋、科学、有效地通过我们的劳动，加速社会主义现代化建设，是摆在全国人民，特别是我们青年一代面前的严峻课题。

正因为如此，广大青少年要深学本领，为社会主义现代化建设勤勉劳动，为共产主义理想的早日实现贡献智慧和力量。

拓展阅读

人的全面发展

人的全面发展为马克思主义学说的重要组成部分，也是教育哲学研究的重要问题。马克思、恩格斯根据对社会、历史和资本主义生产的研究指出，在阶级社会，由于剥削阶级的剥削、压迫和社会分工造成人的片面发展和畸形发展，对人的发展造成极大的摧残和破坏；提出随着大工业生产的发展及剥削和阶级的消灭，实现人的全面发展的必然性与可能性。马克思主义指出，人的全面发展主要是人的体力和智力得到充分的全面的发展，使劳动者具有高度的文化水平和科学技术才能，能通晓整个生产系统，能自由选择而不至于终身受束缚于一种职业。实现人的全面发展需要多方面的条件和相当长的历史时期，不是一蹴而就的。这些条件是：生产力的高度发展、消灭阶级和剥削、教育的极大普及和提高、实施教育与生产劳动相结合等。实现人的全面发展，特别是实现全体人类的全面发展所需要的时间则更长。它是一个逐渐扩大、逐渐实现、逐渐提高的过程。教育本身不能单独完成实现人的全面发展的任务，但是教育对人的全面发展可以起重要的促进作用。教育工作者在教育过程中应为促进人的全面发展多做贡献。

（资料来源：张焕庭. 教育辞典. 南京：江苏教育出版社，1989. 有改动）

（二）尊重劳动人民

劳动人民是历史的创造者，是社会主义建设的主力军，是他们通过劳动创造了财富，推动了历史的发展。我们应牢牢树立尊重劳动人民的观念，加深对劳动人民的理解，培养与劳动人民的亲密感情。

尊重劳动人民，要树立全心全意为人民服务的思想，培养与劳动人民同甘共苦的思想感情。

现代著名作家赵树理，深入农村，与农民一起生活了十几年，虚心学习农民勤劳、善良、质朴的优秀品质，使自己的感情、衣食住行和言谈举止完全农民化。他就是怀着对农民群众的深厚感情，在深入体验生活的基础上写出了许多著名的反映农村生活的中长篇小说。高级农艺师、共产党员周君敏，不恋上海的繁华，大学毕业后扎根胶东山区，一干就是近 40 年。她生活俭朴，工作勤恳，如今已是 60 多岁的人了，仍为农村的果林建设而忘我工作。她为山区人民的致富流尽了汗水，也赢得了人民的尊敬和爱戴。这些老前辈，在与工农相结合的道路上，在全心全意为人民服务的思想作风上，为我们树立了光辉的榜样。

案例分享

劳动创造美好生活

2020 年 4 月 21 日，习近平总书记来到陕西省柞水县金米村考察脱贫攻坚情况，称赞村民们把小木耳做成了大产业。柞水木耳成了网民追捧的网红产品，购物直播间里十几吨木耳被“秒光”，村民们昼夜赶工仍然供不应求。

金米村位于秦岭深处，曾经是深度贫困村，在党和国家的支持帮扶下，村里建起了培训中心、智能联动木耳大棚，发展木耳、中药、旅游等产业，村民们用劳动和创造实现了整村脱贫，用劳动创造美好生活，唱响了大山深处的奋进之歌。

2014 年 3 月 17 日，习近平总书记来到河南省兰考县东坝头镇张庄村闫春光家里，了解生活现状，了解家庭收入情况，鼓励他树立脱贫致富的决心和信心。2014 年 7 月，闫春光在党和政府的帮助下，筹建了一个现代化养鸡棚。闫春光经常钻研养鸡技术到深夜，当年养蛋鸡 3 000 只，年底就收到了不错的经济效益。接下来的 2 年，养蛋鸡规模逐渐扩大，闫春光不仅还清了外债，而且甩掉了贫困的帽子。

2015 年底，闫春光拿到了兰考县政府颁发的脱贫荣誉证书。“没有人应该注定贫困，我下定决心，不辜负总书记的期望，一定要干出个样子来！”闫春光说。在这场脱贫攻坚战中，贫困地区的人民群众在党和政府的引领帮扶下，辛勤劳动，不服输、不认命，迸发出誓要用劳动改变贫困现状的斗志，用劳动创造美好未来。

（资料来源：劳动创造美好生活——来自脱贫攻坚一线的奋斗故事.光明日报，2020.有改动）

（三）珍惜劳动成果

珍惜劳动的成果，是我国劳动人民的传统美德。今天我们不仅要继承和发扬它，还要世世代代传承下去。对劳动成果的珍惜，主要从保管、使用和爱护公共财物等方面着手践行。

所谓“珍惜”，就是将有益于人民、有益于社会的劳动成果当作珍宝一样地爱护。因为每一项成果的完成，都需要花一些时间、流一些汗水、付出一些精力，有的甚至牺牲生命。我们日常生活中，吃的、穿的、用的、住的都需劳动创造，有些科研成果，往往要花费几年、几十年的精力，经历几十次、几百次的实验，才能取得成功。一位日本学者为了帮助人们战胜梅毒，耐心地实验了 600 多种药品，直到研制出满足一定要求的第 605 种药品。可见，有许许多多的劳动成果都是来之不易的。只要某种成果对人民群众有好处，我们都要对它细心保管、精心爱护，决不能让它随意流失、腐蚀和损坏；还要注意节俭，不能铺张浪费。

勤俭节约是中华民族的光荣传统。毛泽东同志说过："贪污和浪费是极大的犯罪。"为什么？贪污，即贪占了人民的劳动成果，是一种不劳而获的可耻行为；浪费，是对人民的劳动成果不珍惜的行为，同样是对人民的犯罪。中国共产党历来号召全党同志、全国人民勤俭办一切事业。对劳动成果用之得当，可以说是勤俭节约的一个重要方面。我国是个大国，人口众多，家大业大，但目前财力不够富足。因此，在社会主义建设中的每一项事业，都应当计划得当、科学设计、节约开支。即使一个家庭，在安排生活时，也要精打细算。总之，勤俭节约这个问题，从大处说是我们的建国方针，从小处说是我们每个人应具备的文明行为。

爱护公共财物，过去我们将它列为"五爱"之一（另外"四爱"是爱祖国、爱人民、爱劳动、爱科学），今天，党和政府又将它写进宪法，强调了它是每个公民应尽的义务。公共财物，是集体的乃至全民的共同的劳动成果。因此，爱护公共财物属于共产主义道德范畴。作为青年学生，应当怎样珍惜劳动成果呢？首先应当懂得，国家拨给我们的教育经费，是劳动人民辛勤劳动得来的；学校里的桌子、椅子、黑板、房舍等公共财产，都是工人师傅用血汗换来的；我们吃的每一碗饭、每一碟菜，都是农民起早贪黑耕种的。所有这些，我们都应注意珍惜和爱护，节约使用。我们要同一切破坏公共财物的行为做坚决的斗争，还要做到从思想上重视、在行动上落实。

（四）积极参加劳动，养成劳动习惯

良好的劳动习惯主要表现在热爱劳动、习惯劳动、适应劳动、自觉自愿地参加劳动等方面。良好的劳动习惯不是与生俱有的，而是在长期的社会实践中逐渐养成的。青年学生在思想品德等方面可塑性很强，应加强修养和学习，同样，在劳动习惯的培养和劳动观念的树立上也具有很强的可塑性，也需要在实际的各类劳动中加以磨炼和培养。

端正劳动态度。作为青年学生应努力树立正确的劳动观，将劳动看作锻炼自己、发挥才干的必要条件，看作不断完善理想人格的重要前提，只有这样才不至于将劳动看作额外的负担，而皱着眉头去被动地应付。劳动态度端正了，劳动积极性也就被调动起来了。劳动成了一种愉快的活动，它的经济效益和社会效益也会相应地提高。

投身劳动实践。作为青年学生，应首先积极参加自己职责范围内的劳动和自我服务性质的劳动，从日常学习生活的值日劳动做起，从环境卫生的打扫做起，从提水洗衣中寻找"乐趣"。作为青年学生，切不可自命不凡，误认为自己不是做"小事"的材料，大事做不来，小事不屑做，总想将来必定会成就一番所谓的"大事业"，结果到头来成了"拨一毛利天下，不为也"的人，一个什么事也做不了的庸庸碌碌的人。生活中此类的教训不少，很值得人们引以为戒。

养成劳动习惯。在"全心全意为人民服务"思想的指导下，在"当人民的老黄牛"的吃苦精

神的鞭策下，在众多像雷锋那样的先进模范人物的英雄事迹影响带动下，青年学生应积极主动地经常参加义务劳动，争做好人好事。如果一个人不经过长期实践的锻炼，只愿偶尔做做样子、摆摆花架子给别人看，那么他为人做好事的心理素质、对消极舆论的承受能力都会很差，更谈不上养成良好的劳动习惯。

课后思考

★★★★★

1. 通过学习，谈谈什么是劳动、什么是劳动教育。
2. 大学期间，你参加过哪些劳动活动？有什么样的收获？
3. 新时代，应该怎样做到珍惜劳动成果？
4. 认真学习领会新时代劳动观，写出针对自己具体的改进措施。

第二章

以劳动教育锻造时代新人

知识导航

- 掌握劳动教育的本质、特征、内容
- 熟悉开展劳动教育的重要意义
- 注重培养学生热爱劳动、崇尚劳动、尊重劳动、尊重劳动人民的品质，促使学生养成良好的劳动习惯、培养创新精神和实践能力与勤俭、奋斗、创新、奉献的劳动精神
- 通过了解不同时期劳动教育的实施情况，能够厘清不同历史背景下劳动教育的内涵与外延，厘清不同时期社会对劳动教育关注焦点的演进历程

提升认知

第一节　劳动教育概述

一、劳动教育的概念

扫一扫 看一看

分析以往劳动教育的有关定义可以发现，人们对劳动教育的认识大体可以分为以下三类。

（一）将劳动教育视为德育的内容

《辞海》对劳动教育的定义是：劳动教育是德育的内容之一，对学生进行热爱劳动和劳动人民、珍惜劳动成果、树立正确的劳动观点和劳动态度、通过日常生活培养劳动习惯和技能的教育活动。《中国大百科全书》对劳动教育的定义为：使学生树立正确的劳动观点和劳动态度、热爱劳动和劳动人民、养成劳动习惯的教育，是德育的内容之一。这两个定义均强调劳动教育的德育属性，直接将劳动教育定义为德育的一部分，侧重热爱劳动和劳动人民的情感、正确的劳动观念和态度的培养，把劳动习惯和技能的教育看作日常生活培养的结果。

拓展阅读

德　育

"君子以果行育德"，"育德"即为培养良好的品德的意思。英国教育家斯宾塞在1860年所著的《教育论》中，第一次明确提出智育、德育、体育的概念，"德育"才真正作为一个独立的概念出现，逐步开始被人们使用，并于20世纪传入我国。在1928年唐钺先生所编著的《德育大辞书》中我们可以明显看到"德育"二字："德育为教育之一方面，以儿童之道德心之陶冶为目的。"

从德育的含义来看，可以分为广义德育和狭义德育。广义德育是指"所有有目的、有计划地对社会成员在政治、思想与道德等方面施加影响的活动，包括社会德育、社区德育、学校德育和家庭德育"。狭义德育是指学校德育，即"教育者依据一定社会或阶级的要求和受教育者思想品德形成规律，有目的、有计划地对受教育者施加系统的影响，把一定社会的思想和道德转化为学生个体的思想意识和道德品质的教育"。从德育的内容来看，我国的德育侧重于政治、思想、道德素质的培养，法律教育所占比重相对较少。德育在不同时期的侧重点也是不同的，20世纪50年代中期重视以“五爱”为中心的思想品德教育；20世纪六七十年代强调以阶级教育为重点的政治教育；改革开放以来，德育的内容更加广泛，在注重政治教育的同时更加注重个人品德修养的教育，从“四有新人”教育到社会主义荣辱观教育再到社会主义核心价值观教育，极具时代性。由此可见，德育虽然具有一个相对稳定的含义，但其具体内容是随着社会实践的发展而不断变化着的。

（资料来源：德育的内容和作用.中公网校，2019.有改动）

（二）将劳动教育视为智育的内容

《教师百科辞典》对劳动教育的定义是：劳动教育就是向受教育者传播现代生产的基本知识和技能，培养他们具有正确的劳动观点、劳动习惯和热爱劳动人民、劳动成果的感情。劳动教育十分重视劳动过程中的智力因素，把平凡的劳动同创造性劳动结合起来，把简单的劳动与富有知识的劳动结合起来。成有信在其《教育学原理》中更是直截了当地将劳动教育定义为：培养学生具有现代工农业生产的基本知识和基本技能的教育。这两个定义均强调劳动教育的智育属性（图2-1），将劳动教育的主要价值定位为传播现代生产基本知识和技能，提高社会劳动生产的智力水平。

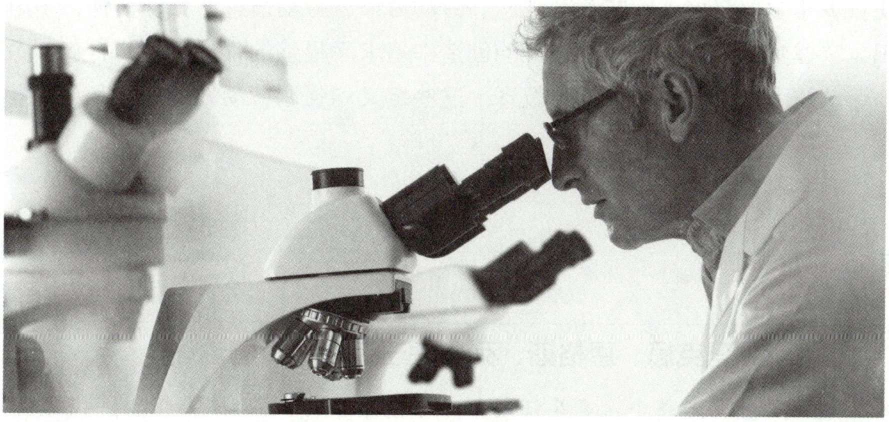

图2-1　劳动具有智育属性

拓展阅读

智　育

智育是指培养与发展学生智能的教育。培养学生的智能是通过有目的、有计划、有组织地向学生传授知识和技能，使学生掌握系统的文化科学知识，发展学生的观察能力、想象能力、思维能力、分析能力和创造能力等，为形成科学的世界观奠定基础。朱光潜在《谈美感教育》中说道："智育叫人研究学问，求知识，寻真理。"

智育是全面发展教育的重要组成部分。智育随社会经济、政治和文化科学技术的发展而发展。近现代，随着教育的发展和普及，我们在智育理论问题上积累了丰富的经验。中国社会主义学校智育的基本任务是：向学生传授系统的现代化科学基础知识和技能，大力提高学生的科学文化水平并培养科学态度，为学生奠定比较完全的知识基础；积极发展学生的智力，尤其是创造性思维能力和培育勇于探索的精神，发展学生多方面的兴趣和才能。

（资料来源：刘岩．习近平德育观研究．山东农业大学，2019．有删改）

（三）将劳动教育视为德育和智育的综合体

《中国百科大辞典》的定义为：劳动教育是以劳动实践为主，结合进行思想教育。技术教育是使学生掌握一定的生产知识及技术和劳动技能。其实施有利于培养学生的劳动观点、劳动技能和劳动习惯，为普通教育和职业教育打下基础。

可见，劳动教育更偏重德育，技术教育更偏重智育，二者相结合共同培养劳动观点、劳动技能和劳动习惯。北京师范大学教授黄济认为，劳动教育是一个涉及范围很广、不好确定的概念，"但从其基本任务而言，不外乎两大方面：一是劳动技能的培养；二是思想品德的教育。在学校的劳动教育中，常常是二者兼而有之"。原中国教育科学研究院党委书记徐长发认为，劳动教育是使青少年学生获得正确的劳动观念、劳动习惯、劳动情感、劳动精神，了解和懂得生产技术知识，掌握生活和劳动技能，在劳动创造中追求幸福感的育人活动。它包括劳动思想观念的教育、劳动技术知识和劳动技能的教育。这些定义均强调劳动教育德育和智育兼具的双重属性。

拓展阅读

马克思、恩格斯、列宁关于劳动教育的论述

恩格斯指出："劳动是整个人类生活的第一个基本条件，而且达到这样的程度，以致我们在某种意义上不得不说，劳动创造了人本身。"马克思、恩格斯在批判继承空想社会主义有关劳动的论断及关于劳动与教育相结合的思想基础上，进一步揭示了劳动的本质，论述了教育与生产劳动相结合的思想，提出"在社会主义社会中，劳动将和教育相结合，从而既使多方面的技术训练也使科学教育的实践基础得到保障"。马克思在这里所说的"劳动"是消灭了雇佣劳动的性质，消除了异化，恢复了本来面目的劳动。马克思、恩格斯充分肯定了教育与生产劳动相结合的重要意义和作用，一方面指出教育与生产劳动相结合是社会化大生产的要求，是适应科学技术高速发展、提高劳动生产率的要求；另一方面指出教育与生产劳动相结合能够摆脱个人发展的片面性，"生产劳动同智育和体育相结合，它不仅是提高社会生产的一种方法，而且是造就全面发展的人的唯一方法"。马克思关于人的全面

发展的理论是我们当前开展劳动教育的重要理论基础。

列宁继承和发展了马克思、恩格斯关于劳动与教育相结合的思想，指出："没有年轻一代的教育和生产劳动的结合，未来社会的理想是不能想象的，无论是脱离生产劳动的教学和教育，或是没有同时进行教学和教育的生产劳动，都不能达到现代技术水平和科学知识现状所要求的高度。"在这里，列宁把劳动教育同现代科学技术发展联系了起来，指出了劳动教育对科学技术发展的作用。同时，列宁认为劳动和教育相结合，也是改造社会的重要手段，是培养理论与实际相结合的全面发展的新人的根本途径，指出生产劳动同智育和体育的结合不仅是一种增加社会生产的手段，而且是使人得到全面发展的唯一手段。此外，列宁认为劳动教育应培养学生的劳动技能，促进学生的全面发展，为此，列宁在劳动教育的实践中提出了许多开展劳动教育的具体措施，增强了劳动教育的可操作性。列宁主张在学校增设劳动组织课，让学生学习和掌握科学管理劳动的方法，从而使学生有组织和管理生产劳动的能力。列宁还强调实行星期六义务劳动，加强对学生的共产主义教育。

［资料来源：中共中央马克思恩格斯列宁斯大林著作编译局.马克思恩格斯选集（第二卷）.列宁选集（第二卷）.北京：人民出版社，2012.有删改］

分析前人关于劳动教育的定义可以发现，劳动教育既是一种教育内容，又是一种教育形式。作为内容，劳动教育可以理解为"关于劳动"的教育，是与德智体美四育并举的概念，有自身独特的教育任务，但由于劳动教育的这些内容被认为可以包含在广义的德育和智育范围内，所以，一直没有取得与德智体美四育并举的地位。作为形式，劳动教育是指通过劳动的教育，让学生通过生产劳动的实际锻炼，全面发展德智体美各方面素质。当劳动教育被视为是教育形式时，只是完成四育任务的载体，难以取得与其他四育平等的地位。可见，劳动教育在学校中被弱化现象的出现，与劳动教育本身的性质和在国民教育体系中的地位不明确有很大的关系。因此，要落实构建德智体美劳全面培养的教育体系的要求，首先需要着力解决的就是劳动教育在整个教育体系中的性质和地位问题。

2020 年 3 月，中共中央、国务院发布的《关于全面加强新时代大中小学劳动教育的意见》中指出：劳动教育是国民教育体系的重要内容，是学生成长的必要途径，具有树德、增智、强体、育美的综合育人价值。实施劳动教育重点是在系统的文化知识学习之外，有目的、有计划地组织学生参加日常生活劳动、生产劳动和服务性劳动，让学生动手实践、出力流汗，接受锻炼、磨炼意志，培养学生正确劳动价值观和良好劳动品质。

案例分享

★★★★★

"种田课"纳入必修课程

四川一所大学有一门奇特的必修课，那就是所有大学生不论专业，都得扛着锄头下地干农活。近日，在四川大学锦城学院的农场里，200 多名学生麻利地干起了农活（图 2-2）。割水稻、打谷子、翻地、浇灌、锄地……大伙儿分工明确，忙得热火朝天。在一番辛勤劳作后，不少同学汗流浃背、气喘吁吁。但眼看着自己付出后收获的果实，大家纷纷表示受益良多，真切体会到了“谁知盘中餐，粒粒皆辛苦”的内涵和劳动带来的喜悦与自豪。

图2-2 大学生在农场劳动

学生一：这是一种全新的体验，因为水稻收割一直离我们比较远，而且更多是机械化劳作。亲手收割水稻，能感受到不一样的感觉。

学生二：我觉得培养了我们吃苦耐劳的意志。割的时候人比较多，也让我们的纪律意识、团队精神得到了提升，更让我们知道了劳动真的对我们很好。

据了解，四川大学锦城学院自2005年建校之初就将劳动作为人才培养的特色内容之一。自2006年开始，学校在全国高校中率先推行“三练三创”实践教育，将“种田课”纳入必修课程。“会做人、能做事”，让劳动成为每一位学生成长所需的课堂，成为学校重要的育人理念。该校劳动学院常务副院长李峤介绍：“我们通过对学生的观察，认为非常重要的就是，第一要教会学生尊重劳动，第二让学生学会劳动，第三要有创造性地劳动。我们从这三个角度找到了一个具体的载体，就是拥有悠久历史文化内涵的传统农耕文化，我们想从这里面汲取养分。所以学校领导就当机立断，我们学校2005年建校，在2006年，建校第二年开春的3月份，就创办了劳动教育实践基地，就是我们的学生农场。”经过十几年的发展，学校农场已有20亩，除了种植水稻外，还种植了水果蔬菜等，同时有一小块鱼塘，做水产养殖。

“种田”劳动必修课与学生的学分挂钩，课程总共64学时，共2个学分，所有在校生不分专业都必须修完课程，才能获得相应的学分。2018年，学校还专门成立劳动学院，在劳动教育方面改革创新、争创品牌，更加系统化地组织开展劳动教育相关教学工作，把劳动教育从技能教育提升到品质教育。

锦城学院的劳动教育，重在劳动价值与意义的挖掘。学校引导一批又一批大学生在实践劳动中去理解劳动的本源，让学生知道劳动是人类的本质活动，劳动创造世界、创造历史和创造人本身！劳动教育为学子们提供了认识自己、认识社会、认识世界的重要“钥匙”。

让大学生去“种田”，能让学生变得接地气，可以让学生更切身地去体会农民生活，感受到农民的不易。劳动教育加深了同学们热爱劳动、尊重劳动、尊重劳动人民、珍惜劳动成果、以劳动为乐、以创造为乐的情感体会。

（资料来源：作者根据相关资料整理撰写）

二、劳动教育的本质

（一）社会责任教育

通过参加劳动，配合各方面的教育影响，学生体会到劳动在改变世界、改造社会、改造人类自身当中的巨大作用；同时，建立起正确地使用自己的劳动能力，正当地享受自己的劳动果实，积极地发挥自己的劳动影响，以自己独特的劳动创造不断为人类贡献新价值、为社会提供新意义、为世界打造新秩序的责任意识，给终身学习发展和终身劳动创造提供不竭动力。

（二）人生态度教育

通过劳动，配合全面培养的各方面素养，学生对自身的劳动能力和劳动价值建立起积极的、建设性的态度，从而对个人、家庭、社会、国家、人类美好未来充满信心和向往。这种积极的人生态度，使人们的日常生活充满阳光，也能够成倍地提升各项学习、生活、工作、创作活动的质量和效能。

（三）行动意志教育

劳动教育不是一两次能够完成的，也不是一两天能够奏效的，必须经年累月地进行。在这一过程中，学生培养和强化自己强大的行动意志，享受行动和成功带来的快乐，坚定自觉行动和积极实践的决心，培养善始善终、善做善成的毅力（图 2-3）。这种良好的心理和精神品质，配合体育、智育、德育、美育等教育影响，能够为学生的幸福人生奠定坚实基础、提供持久动能。

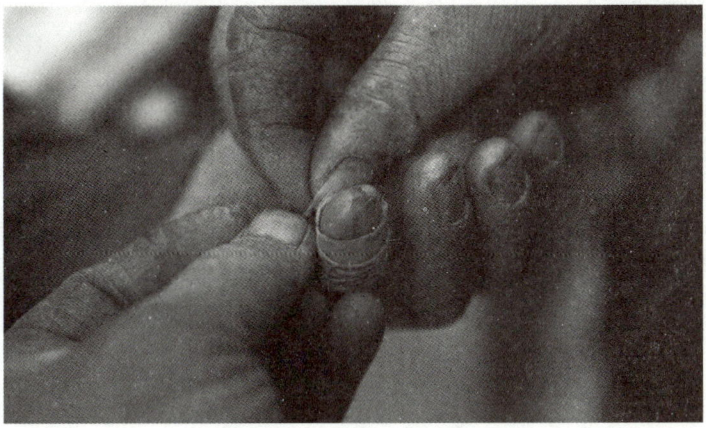

图 2-3　劳动锻炼人的意志

拓展阅读

劳动幸福

李大钊对劳动幸福含义的界定是："人生求乐的方法，最好莫过于尊重劳动。一切乐境，都可由劳动得来，一切苦境，都可由劳动解脱。劳动的人，自然没有苦境跟着他。"没有苦境的人，自然就离幸福更近了些，而这种没有痛苦的生活从某种意义上说，就是一种幸福。而且，李大钊提倡的劳动创造幸福，强调的是一种积极健康的生活方式。怎样的健康向上？李大钊从物质生活和精神生活两方面进行了论证。

从物质角度来看，李大钊肯定了劳动对物质生活的创造价值，也就是突出强调了劳动对改造生活的积极性、能动性的能力。他说："劳动为一切物质的富源。一切物品，都是劳动的结果。"在这里，李大钊直截了当地阐明了劳动对创造物质财富的积极作用，肯定了劳动对幸福生活的物质贡献及劳动自身所蕴藏的财富价值。而这正是一种依靠积极的劳动来创造幸福生活的健康价值观念，是一种乐观向上的生活态度。当然，幸福的生活不仅是物质的富裕，财富只是具备了幸福生活的必要条件，精神生活的快乐才是属于人的真正幸福。

从精神角度来说，健康、积极的劳动幸福态度应该是相信"劳动中有无限的快乐"，通过身体的劳动获得精神的愉悦体验，正像李大钊所说的"精神的方面，一切苦恼，也可以拿劳动去排除他，解脱他"。这就是一张一弛的快乐劳动的生活态度，是一种健康积极的劳动观，所以，很显然，劳动对精神生活的愉悦是积极有益的。而相反，那些视劳动为低贱的、痛苦的封建观念，却因整日无所事事而精神空虚，因没有劳动的身体愉悦而懒病作怪，以致最后精神萎靡寡欢。可以说，劳动对物质生活和精神生活两方面都是具有积极、健康的良性价值导向的，都是促进人自身获得更大幸福收获的娱乐活动。

（资料来源：高瑞泉.向着新的理想社会——李大钊文选.上海：上海远东出版社，1995.有改动）

（四）生活实践教育

通过劳动教育，将个人生活这条小溪接入社会生活实践的汪洋大海，这是一切教育产生价值、获得意义的源头活水，也是教育找到目的、有的放矢的根本途径。"两耳不闻窗外事，一心只读圣贤书"，这是封建社会科举制度控制知识分子和统治劳苦大众的一种伎俩，也造成了当代中国教育久治不愈的应试教育病。应试教育，本质上是脱离社会生活实践、畸形发育的单纯知识教育和狭隘学校智育。包括劳动教育在内的全面培养的教育体系，正是它的对症之药。

拓展阅读

行是知之始，知是行之成

陶行知（图 2-4）是中国伟大的人民教育家，其一生都在为改造中国教育、服务人民大众而不断奋斗，并且留下了大量的著述，其中，生活教育理论是陶行知教育思想的主线。陶行知曾形象而现实地说："山上出狼，我们必得学习打猎。地上有蛇，我们必得学习治毒。聚蚊成雷，我们必得学习根本铲除蚊子的方法。"教育就应该通过一系列实践活动链接生活，服务生活，解决生活中的问题。

图 2-4 安徽歙县陶行知公园塑像

他还把劳动教育当作生活教育的组成部分，写出了为世人所传唱的《手脑相长歌》："人生两个宝，双手与大脑。用手不用脑，快要被打倒。用脑不用手，饭也吃不饱。手脑都会用，才算是开天辟地的大好佬。"

他认为应该有计划、有目的地组织学生参加集体的生产劳动和实践活动，让学生在劳动中体会到思维和行动的力量，由此才能创造出新的价值。例如，在任教过的重庆育才学校，他既要求学生参加各种类型的生产劳动和生活实践活动，又在这些活动中注重发扬学生的个性，激发他们各方面的创造力。学校开学时，会专门分出"劳动生活"小组实施教学计划。小组成员曾在一个月时间里，依地势开辟一个操场和一个篮球场；在球场北面修建了一座林间露天舞台，师生在这个舞台上排练文艺节目，逢年过节向全校同学和周围乡民演出。学校右边的池塘，种满了荷花；学校周围的土地，用来做学生的劳动课场地，为学校食堂生产蔬菜等。

"唯独贯彻在劳力上劳心的教育，才能造就在劳力上劳心的人类；也唯独在劳力上劳心的人类，才能征服自然势力，创造大同社会。"

（资料来源：陈梦越，孙邦华．生活·劳动·教育：陶行知劳动教育思想探析．福建教育，2019．有改动）

三、劳动教育的特征

（一）本质的自然性

劳动是生命存在的标志。为了吃饭就必须劳动，这是普遍的自然规律，这句话揭示了劳动的本质属性，即劳动是人类存在的形式、路径与意义所在，人类因有目的的劳动成就自身，同时因为有价值的劳动改造社会、促进社会、发展社会。为了存活，劳动是自然的，劳动教育也就是自然的，而且应当是一种由内而外、充溢于天地间的自然自觉。所以，本质的自然性是劳动教育首要的特征。这一特征从本源上决定了劳动教育在人的全面发展过程中的根基性，证明了劳动教育作为学科结构的有机组成对于人的全面发展的不可或缺性。

（二）内涵的统领性

人世间的一切成就、一切幸福都源于劳动和创造。劳动是存在方式，也是社会氛围，更是精神传承。劳动教育在学校教育中虽然不占核心位置，更不能提供认识社会的全部知识，但在人的全面发展过程中却具有统领意义。内涵的统领性，关键不在于内容，而在于意义。统领性要求将"劳动"这一理念巧妙地嵌入各教学环节中，教师的教与学生的学都具备一种在场的劳动性，这种在场的劳动性可以给予人们对劳动更真实的感触及更宽泛意义上的体验。解读的关键不在于认识的正确而在于洞察的深度，如果能领会到整个教育过程中满溢的这种在场的劳动性，即从纯粹的劳动力认知走向充溢的劳动性体验，便能更深入地解读劳动与劳动教育，帮助人们在劳动中发现自己、发展自己、完善自己。

（三）概念的发展性

一部人类发展史，实际上就是人类改造自然的劳动发展史。在人类发展过程中，劳动从其原始形态逐渐过渡到现代形态。即使是在劳动高度机械化、智能化的将来，形似简单的劳动也不是以往的简单劳动的回归，而是一种更深意义上的复杂劳动。时代的发展不断改变着劳动结构，劳动结构的变化又不断更新着人们对劳动教育的理解与期待，劳动教育的概念就这样被不断发展、不断丰富。所以，不能再单纯地理解劳动教育，而是要在一个变迁、转型、过渡的意义上去理解今天的劳动和劳动教育，它是发展的，同时也是复杂的，发展中产生复杂，复杂中孕育发展。

（四）价值的召唤性

劳动是人类创造财富的唯一途径（图 2-5），人类因这些财富得以生存、发展、壮大，这一点应该被全人类铭记。劳动的价值、意义应该被代代相传，而不是出现断层。不劳而获、一夜暴富的思想根源于对劳动的无视与轻视，是劳动意识整体失落的集中体现，劳动意识淡薄、劳动能力下降、劳动素质不高等一系列社会问题都是它的“蝴蝶效应”。劳动教育是一种聚焦、一种提醒，更是一种价值召唤：以劳动教育唤起劳动意识，以劳动意识培养劳动习惯，以劳动习惯提高劳动能力，以劳动能力增强劳动素质，这种价值召唤对民族自尊、民族自信、民族自豪都是一种严肃的重塑，对实现中华民族伟大复兴的中国梦具有重要意义。

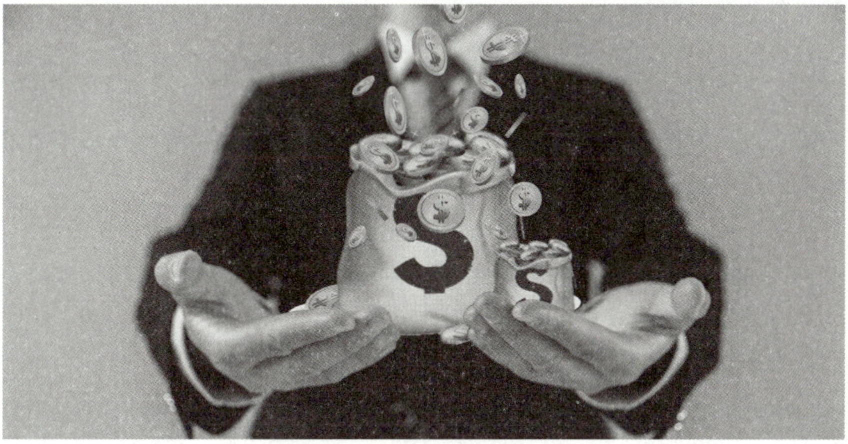

图 2-5 劳动创造财富

拓展阅读

★★★★★

劳动的时代价值

在云南省镇雄县，晨曦中，高山易地搬迁安居房的建设者们开始了新一天的辛勤劳作，铁锹、笤帚等各种劳动工具发出的声音此起彼伏，融汇成一曲催人奋进的劳动交响乐。

在重庆市酉阳土家族苗族自治县桃花源景区，“绝壁舞者”（图 2-6）在离地面 100 多米的绝壁上悬挂防护网，用自己的辛勤劳动为游人筑起安全防线。

图 2-6 “绝壁舞者”

在成都平原黄灿灿的油菜花丛中，养蜂人仔细观察着蜂板上聚集的蜜蜂和成块的蜂蜜。勤劳的养蜂人如同蜜蜂一样用辛勤劳动酿造着甜蜜事业，把生命演绎成“甜蜜之旅”。

在郑州南站，工人们正在高架候车层进行混凝土浇筑。建成后的郑州南站，将与郑州新郑国际机场联袂构成空铁双核驱动优越格局，成为连接国际航运中心、国际物流中心、国际多式联运综合交通枢纽。

在昌吉赣高铁吉水西线路设备检修现场，铁路信号维修工人在铁路线上进行养护作业，用无数的无眠之夜守护着高铁安全运营的生命线。

在广西南宁友爱广场上，环卫工人挥舞着大扫把，清扫着广场的每一个角落。清晨第一缕阳光出现，洁净的地面被映衬得闪闪发亮。

浙江省杭州市临安区太湖源镇光辉村的黄茶基地总面积 1 600 亩，年产值约 700 万元，解决农村劳动力 330 余人。村民在线条交错的茶园里采摘鲜茶叶，他们忙碌的身影宛如跃动的音符，谱写着春天里的精彩乐章。

每一滴汗水都折射太阳的光芒，每一份付出都照亮前行的脚步。让我们艰苦奋斗、砥砺前行，在时代年轮上刻下属于我们的奋斗印记，在祖国大地上描绘一幅劳动创造、生生不息、兴旺发达的壮美画卷！

（资料来源：劳动最光荣.中央纪委国家监委网站，2020.有改动）

第二节　劳动教育的内容与价值

一、劳动教育的内容

扫一扫 看一看

（一）劳动观念

劳动观念是指人们对劳动的认识和看法，它主要通过对劳动进行多方面的综合了解，进而促使人们形成一种对劳动的总体认识。劳动观念是决定劳动行为的前提条件，积极向上的劳动观念可以指导人们做出正确的劳动行为，而错误的观念则会导致很多问题的产生，不利于学生的身心健康成长。引导大学生树立正确的劳动观念，首先要确定劳动创造了人本身，劳动创造了人类社会，并且推动了社会的发展的理念。劳动是人类所特有的、区别于动物的最基本的社会实践活动，是一切财富的源泉，是社会文明进步的动力。大学生只有树立正确的劳动观，才会热爱劳动和珍惜世界上的一切劳动成果，才会主动积极地接受劳动，才会从心底里去尊重劳动和劳动者。

（二）劳动价值观

人们的劳动认识和实践会受到劳动价值观的影响，在正确的价值观指导下人们才会做出正确的行为。因此，要进行大学生劳动教育需从劳动价值观的教育入手，让观念先行。劳动价值观是人们对劳动的价值、目的和意义等的观念认识，直接影响着人们的劳动态度、劳动价值取向、劳动目标的追求、劳动价值的评判。它是人们劳动认识和实践活动达到自觉的重要标志。大学生劳动价值观的教育首先是使大学生树立起“劳动光荣，劳动创造价值，劳动实现自身价值”的价值取向，培养其“热爱劳动、尊重劳动、珍惜劳动成果、消除劳动偏见”的态度和情感，实现“以辛勤劳动为荣，以好逸恶劳为耻”的内化。其次，结合自身实际树立正确的劳动目标，目标只有切合实际才不会虚无缥缈，才能避免“眼高手低、好高骛远”现象的出现。

案例分享

青年劳动价值观怪象

当前，大学生超前消费的苗头已经显现，大学校园贷、裸贷案例层出不穷。南方某大学学生小于的微信朋友圈“晒图”，各种大牌化妆品琳琅满目。她向记者出示了某一个月的账单：滴滴打车1 174.87元，外卖订餐2 218.69元，网购4 513.85元。然而有如此高的消费，一些大学生并没有通过勤工俭学的方式去挣钱。据了解，陷入裸贷的女大学生中有部分人是因追求奢侈品而无法自拔。有的从事网络刷单、刷好评；有的靠搞网络直播“打赏”；还有的不顾学习痴迷于炒期货、黄金和互联网金融P2P，追求“一夜暴富”“嫁个富二代，少奋斗10年”。

（资料来源：部分青少年劳动价值观异化五大怪象.半月谈，2019.有改动）

（三）劳动习惯

大学生是备受社会关注、被寄予厚望的一个群体，但是近年来出现的大学生劳动习惯堪忧的问题需要引起我们的重视。一方面是生活自理能力的下降及不良行为习惯的产生，如洗衣、做饭、打扫卫生等基本的个人劳动能力不足，公共卫生清洁意识差，体力劳动缺乏，生活懒散，浪费粮食，浪费各种资源等；另一方面体现在学业学习上的懒惰，如学业上不够勤勉和自律、缺乏刻苦钻研的精神、考试过程中的作弊行为等。因此，大学生劳动教育应重视其劳动习惯的养成，使学生无论在体力劳动方面，还是在脑力劳动方面都能养成良好的习惯，并形成一种自觉行为。大学教育要培养的是全面发展的人，需要通过劳动教育使学生养成良好的个人生活习惯及勤奋严谨的学习风尚。

案例分享

巴甫洛夫植树

巴甫洛夫，条件反射学说的创始人，1904 年荣获诺贝尔生理学或医学奖的俄国著名生理学家，从小就十分热爱劳动。

在他小时候，有一天，巴甫洛夫和弟弟米加约好去园子里种树，费了很大的劲才挖了一个坑，正要把苹果树栽下去的时候，爸爸从屋里跑出来了，指着园子里一块突出的高地对兄弟俩说："你们看，那儿地势高，这里一下雨就会积水，苹果树不就要淹死了吗？"

弟弟听了爸爸的话，小嘴一噘，不高兴地走了。而巴甫洛夫并不灰心，跟着爸爸在高地挑选了一块空地，重新挖起来……

巴甫洛夫从小养成爱劳动的习惯，一向持续到晚年。战争年代，他在实验室周围的空地上种菜，自力更生地解决了吃菜的困难。

（资料来源：劳动的名人故事.应届毕业生网，2017.有改动）

（四）劳动精神

劳动精神是指人们所表现出来的对劳动的一种积极接受的态度，无惧于劳动过程中的苦累和各种困难，认为都可以通过自己的努力去克服，具体表现为一种对劳动热爱的坚定不移的意志力。热爱劳动是我国的传统美德，勤劳勇敢是我们的民族特征，我们国家面临着新的改革发展任务，大学生是国家建设的主力军，是国家的未来和希望，担负着建设社会主义、实现社会主义现代化、振兴中华民族的历史重任。因此，我们"热爱劳动、勤劳勇敢、自强不息"的传统美德和精神非但不能丢，还要在新的历史时期让它发扬光大，对大学生进行"辛勤劳动、无私奉献、吃苦耐劳、艰苦奋斗"的劳动精神和"自觉劳动、创新劳动"的劳动意识的教育就显得尤为重要。勤劳是我们一切事业成功的保证，是兴家立国之本。这种精神动力，也将激励我们为实现自身价值、为社会进步而辛勤地劳动、脚踏实地地劳动，在劳动中创造价值、实现价值。

案例分享

愚公移山

很久以前，有一位老先生，他的名字叫愚公。愚公家的门口有两座好高好高的山，一座山叫太行，另一座山叫王屋。两座山正好挡在愚公家的门口，让愚公每一天进出家门都要绕好远好远的路！

有一天吃饭的时候，愚公突然对家人说："我们全家一齐合作，把挡在门口的两座大山移开，让门口的路能够直通到外面的大路上，你们看好不好呢？"儿子和孙子一听，都点头赞成说："好呀！好呀！"愚公的妻子却摇摇头说："不可能的，你连搬一个土丘的力气都没有，还想搬移大山！就算你搬得动，那些挖出来的泥土石块，你要扔到什么地方去呢？"愚公和孩子们听了，都哈哈大笑起来："那有什么困难的！我们可以丢到海里面去呀！"

第二天开始，愚公和他的儿子、孙子，三个人一齐扛着锄头，挑着扁担，到山边开始挖（图2-7）。愚公的邻居京城氏和她的小儿子，也兴致勃勃地帮愚公一齐做着移山的工作。这时候，有一个叫智叟的老先生，忍不住嘲笑他们："愚公呀！你实在太糊涂了。你这么老了，还要去移什么山，就算让你搬到你死掉的那一天，也不可能把大山移开来的！"

图2-7 愚公移山

愚公听了他的话，笑笑说："智叟，你才糊涂呢！我虽然很老，我还有儿子能够继续去做呀！儿子还会生孙子，孙子还会再生儿子，我们的子子孙孙能够一直搬下去，总有一天我们会把这两座山搬走，天底下哪儿有不能克服的困难呢？"智叟没有话可说，只好走开了。

之后，山神和海神知道愚公要移山的事情，害怕愚公一家人永不停止地搬下去，会把山搬光、把海填满，就跑去告诉天神。天神一听："嗯！这个愚公真是有恒心呀！我来帮帮他吧！"天神就派了两个神仙去把王屋山与太行山背走，放到别的地方去，不再挡在愚公家门口了。

从此以后，只要有人做事情不怕困难一直做，我们就说他有愚公移山的精神，必定会成功的！

（资料来源：愚公移山.汉辞网.有改动）

（五）劳动技能

培养大学生的最终目的是要为社会输送品德与能力兼备的新型劳动者，然而大学课程的设置更多的是偏重理论学习，就导致了大学生劳动实践能力的不足，这显然不符合社会对人才的要求。因此，劳动教育就是要通过劳动实践活动使理论能够联系实际，使大学生的所学能够致用，使大学生能够掌握劳动实践的技能。大学生劳动技能教育大致包含两部分的内容：一部分是教学计划内的劳动教育，这需要结合大学生所学专业的特点具体安排，包括教学实验、课程设计、专业实习、毕业设计、生产见习等；另一部分是教学计划外的劳动教育，包括学校提供的科技文化服务、勤工助学活动、支教服务及大学生自主参与、组织的社会公益劳动、生产劳动及其他形式的社会实践活动等。

案例分享

★★★★★

庖丁解牛

有一个名叫丁的厨师替梁惠王宰牛，手所接触的地方、肩所靠着的地方、脚所踩着的地方、膝所顶着的地方，都发出皮骨相离声，刀子刺进去时响声更大，这些声音没有不合乎音律的。它竟然同《桑林》《经首》两首乐曲伴奏的舞蹈节奏合拍。

梁惠王说："嘻！好啊！你的技术怎么会高明到这种程度呢？"

庖丁放下刀子回答说："臣下所探究的是事物的规律，这已经超过了对宰牛技术的追求。当初我刚开始宰牛的时候（对于牛体的结构还不了解），看见的只是整头的牛。三年之后（见到的是牛的内部肌理筋骨），再也看不见整头的牛了。宰牛的时候，臣下只是用精神去接触牛的身体就可以了，而不必用眼睛去看，就像视觉停止活动了而全凭精神意愿在活动。顺着牛体的肌理结构，劈开筋骨间大的空隙，沿着骨节间的空穴使刀，都是依顺着牛体本来的结构。宰牛的刀从来没有碰过经络相连的地方、紧附在骨头上的肌肉和肌肉聚结的地方，更何况股部的大骨呢？技术高明的厨工每年换一把刀，是因为他们用刀子去割肉。技术一般的厨工每月换一把刀，是因为他们用刀子去砍骨头。臣下的这把刀用了十九年了，宰牛数千头，而刀口却像刚从磨刀石上磨出来的一样。牛身上的骨节是有空隙的，刀刃也并不厚，用这样薄的刀刃刺入有空隙的骨节，那么在运转刀刃时一定宽绰而有余地了。因此我的刀用了十九年而刀刃仍像刚从磨刀石上磨出来一样。虽然如此，可是每当碰上筋骨交错的地方，我一见那里难以下刀，就十分谨慎而小心翼翼，目光集中，动作放慢。刀子轻轻地动一下，'哗啦'一声骨肉就已经分离，像一堆泥土散落在地上了。我提起刀站着，为这一成功而得意地四下环顾，一副悠然自得、心满意足的样子。拭好了刀把它收藏起来。"

梁惠王说："好啊！我听了庖丁的话，学到了养生之道啊。"

（资料来源：庖丁解牛.古诗文网.有改动）

二、劳动教育的价值

（一）实现中华民族伟大复兴中国梦的客观要求

当前，我国正在由制造业大国向制造业强国迈进，生产出更多更高品质的产品，需要大力提倡工匠精神。追求精益求精、质量至上的工匠精神是爱岗、敬业、专注、创新、拼搏等可贵劳动品质的具体实践（图 2-8），也是劳动精神、劳模精神的深化和提升。因此，加强劳动教育，培育精益求精、一丝不苟、坚韧不拔、追求卓越的劳动品格，大力弘扬工匠精神，培养创新型、技术型、知识型的复合型人才，才能真正汇聚起中国经济社会发展强大正能量，真正为实现中华民族伟大复兴的中国梦增砖添瓦。

图 2-8 传统制陶手艺

案例分享

砌墙砌成人大代表

砌墙砌成人大代表的农民工火了！今年的两会，一个手拿砌刀的 90 后农民工代表邹彬，引起了人们的关注，成了新生代“农民网红”，又让我们见证了农民工中 90 后一代的光辉形象。90 后的邹彬拥有“人大代表”“世界砌筑大师”“湖南省直工会兼职副主席”等诸多夺目的光环，但人们最为津津乐道的，还是他从一名地道的农民成长为人大代表的拼搏奋斗的光辉历程：从一名小泥瓦匠走到世界建筑技能大赛冠军，再脱颖而出当选为全国人大代表，他用自己的平凡谱写了一曲“劳动最光荣”的赞歌！

正如邹彬所说：“人生的梦想并不都是‘高大上’，我没读多少书，又从农村走出来，能够走出困境，产生持续动力，也是梦想。”

有很多的机缘巧合，但更多的是靠个人的拼搏奋斗，邹彬硬是用一把小泥刀开辟出了人生发展的新境界，走出了个人成功的奋斗史。

同样是砌墙，别人偷懒他钻营，砌出的墙体砂浆饱满、灰缝垂直。邹彬丝毫不放松对自己的要求，每次都认认真真，发扬“匠人精神”，追求艺术高度，争取把每一堵墙都砌得横平竖直、美观好看、漂亮大方。工友们常开玩笑，说他不是在搞砌筑，而是在搞艺术。

机遇常常光顾有准备的人。正是因为本身技术过硬，有精湛的砌墙技术，2014 年，邹彬在中建五局工会组织的“超英杯”劳动技能竞赛中脱颖而出。7 月，邹彬代表中建集团参加第 43 届世界技能大赛中国选拔赛，以第一名的成绩进入国家集训队。过五关斩六将的邹彬，凭着不服输、不放弃的拼劲，最终赢得了第 43 届世界技能大赛唯一一个中国参赛名额，并获得优胜奖，实现中国在砌筑组“零”的突破。

2018 年 1 月，23 岁的邹彬，当选为第十三届全国人大代表。2018 年 6 月 9 日，邹彬又当选为湖南省直工会兼职副主席，成为省直工会最年轻的领导班子成员。

这一切已经走到一个农民工人生的巅峰，邹彬飘飘然了吗？没有，他依然没有放弃对梦想的追求。

2020 年，邹彬又一次作为人大代表，走进了人民大会堂，这已经是他第三次光荣履职全国人大代表。这一次，他为农民工代言。

他说：“我希望把我的故事告诉更多人，只要肯努力，总能走出困境，一步步实现自己的梦想。”

（资料来源：95 后农民工砌墙砌成人大代表.新浪网，2020.有改动）

（二）高校落实立德树人根本任务的重要途径

培育正确的劳动价值观、养成良好的劳动习惯是德育工作的重要内容，教育学生掌握劳动知识技能是智育工作的重要内容，养成坚韧不拔、勇于拼搏的劳动精神和促进劳动能力的锻炼是体育工作的重要内容，劳动者对美的追求和创造是美育工作的重要内容。此外，劳动教育反过来可以养德、启智、健体、益美，它们之间是相辅相成的关系。因此，劳动教育是培育和践行社会主义核心价值观的有效途径，是高校立德树人的重要载体。新时代加强大学生劳动教育，要充分发挥劳动教育的育人功能，实现劳动教育与德育、智育、体育、美育相互促进，协力引导学生坚定理想信念、厚植爱国主义情怀、加强品德修养、增长知识见识、培养奋斗精神、增强综合素质，促进学生德智体美劳全面发展。

拓展阅读

新时代高校劳动教育

一、劳动教育实践基地成立

2018 年 11 月 17 日，西安电子科技大学在陕西省延川县梁家河成立全国高校首个大学生劳动教育实践基地——“红色筑梦”劳动教育实践基地，让学生树立正确的劳动价值观，扎根中国大地，了解国情民情，在劳动实践中“受教育、长才干、做奉献”（图 2-9）。

图 2-9　学子在劳动教育实践基地参加社会实践劳动

（资料来源：全国高校首个大学生劳动教育实践基地在延安成立.央广网，2018.有改动）

二、“勤劳奖学金”设立

武汉生物工程学院首届“勤劳奖学金”评选结果揭晓，100 名在自强自立、热爱劳动等方面表现突出的学生获得该奖项。值得注意的是，该项奖学金有别于助学金，专门针对经济并不困难的学生。据了解，“勤劳奖学金”在武汉高校属首次设立。评选条件要求在校期间自强自立，热爱劳动，在勤工助学活动中表现突出，且参加学校组织的勤工助学活动满 3 个月。设立针对非贫困生的“勤劳奖学金”就是为了引导更多的大学生主动增负、自我发展，培养“晨兴夜寐、俭以养德”的优良品德，不再让“热爱劳动”“勤工助学”成为家庭经济困难学生的特定“标签”。

（资料来源：武汉一高校首设“勤劳奖学金”.湖北教育新闻，2018.有改动）

三、公益课程列为必修课

公益课程是汕头大学全校本科生的公共必修课。每门公益课程 1 学分，48 学时。其中，劳动服务环节不得少于 32 学时。每位本科生须获得至少 1 个公益课程学分方能毕业。为强化学生劳动教育，公益课程以“在服务中学习，在学习中服务”为理念，由教师根据不同的服务内容设计具体课程，涵盖人文关怀类、环境保护类、学科专业结合类、传授知识技能类、宣教类、志愿服务类、历史传承类、综合类等 8 个模块。2010—2019 年，全校共开设公益类课程近百门，开设 337 门次，学生修读 13 885 人次，师生累计服务劳动超过 48 万个小时，服务地遍布潮汕及周边的中小学、社区、农村、乡镇、福利院等单位或机构，并拓展到福建、陕西、四川等地。

（资料来源：以公益课程为抓手落实劳动教育.中华人民共和国教育部官网，2020.有改动）

（三）促进大学生全面发展的现实需要

1．有助于学生养成良好的劳动习惯

新时代大学生的劳动素质，应该说其主流是好的。但是，由于目前大多数大学生是独生子女，其特殊的成长环境和经历，使得不少学生劳动观念淡薄，劳动知识缺乏，缺少基本的生活自理能力。大学生宿舍脏、乱、差现象普遍，更是一个不争的事实。同时，有的大学生由于平时缺乏必要的体力劳动和体育锻炼，身体状况不甚理想，将来就业后，恐怕难以担负起艰苦而繁重的工作。因此，要在大学生中广泛开展劳动教育，帮助学生了解劳动知识，引导学生经常地、自觉地参加各类劳动，促进大学生良好的劳动习惯的形成，增强学生体质，锻炼学生适应社会的能力，实现大学生劳动素质的全面提高。

案例分享

高校“巨婴”“老儿童”现象

还记得当年的“东方神童”魏永康吗？ 4 岁上小学，8 岁考进重点中学，13 岁凭借高分进入 985 名校湘潭大学，就读物理系，17 岁大学毕业后，考入中科院高能物理研究所硕博连读研究生。看似前程似锦，但在他 20 岁时，发生了一件彻底改变他命运的事：读了 3 年研究生后，中科院以长期生活自理能力太差为由，将其劝退。要知道，一直到高中，魏永康吃饭都是母亲一勺一勺喂给他吃的；大学时，母亲更是成了他的专业“陪读”，不仅负责叫他起床、一日三餐，还要帮他清洗衣物、进行社交。魏永康被妈妈养成了“巨婴”，虽然进了顶尖学府，但还是因为缺乏独立生活的能力，人生遭遇了重大波折。魏永康退学回家后，母亲就开始教他做家务、洗衣做饭等，让他学会生活，能够生活自理。他最终学会了生活，过着普通人的生活，拿着不高不低的工资。2009 年，他考取了北京工业大学物理专业的研究生，继续深造。

天津一所高校的一名女大学生，一上大学就带妈妈过来陪读，妈妈白天在外面打工，早中晚过来送饭，给孩子洗衣服，还承包了宿舍的卫生。华东某大学的一名女生，家就在上海，只是与学校不在同一个区，她妈妈竟然在大学附近宾馆住着陪读，“因为女儿在家里没有做过一天家务”，担心其无法独立生活。除了这种陪读的，还有大学生定期寄脏衣服回家洗，或者花钱雇钟点工去宿舍打扫卫生，大学生生活自理能力堪忧。

（资料来源：部分青少年劳动价值观异化五大怪象．半月谈，2019．有改动）

2．有助于提高学生学习的积极主动性

近年来，一些大学生缺乏学习动力，不要学、不肯学、不勤学，上课缺课迟到早退现象严重，课堂纪律较差，考试作弊屡禁不止，严重影响着校风学风建设。这与大学生的历史使命格

格不入。要通过劳动教育，引导学生进一步认识创造财富的劳动是辛苦的，而学习和掌握科学知识的劳动则是一种艰苦的脑力劳动，只有端正学习目的，树立远大理想，养成扎扎实实的学习作风，掌握科学文化知识，才能练就过硬本领。正如爱迪生说的：天才是百分之一的灵感，加上百分之九十九的汗水；世间没有一种具有真正价值的东西可以不经过艰苦辛勤劳动而能够得到的。

案例分享

半耕半读，劳动与读书并列

曾国藩（图 2－10）在给曾纪泽的信中提到："昔吾祖星冈公最讲求治家之法：第一起早；第二打扫洁净；第三诚修祭祀；第四善待亲族邻里……此四事之外，于读书、种菜等事尤为刻刻留心。故余近写家信，常常提及书、蔬、鱼、猪四端者，盖祖父相传之家法也。尔现读书无暇，此八事纵不能一一亲自经理，而不可不识得此意，请朱运四先生细心经理，八者缺一不可。"

图 2－10　曾国藩

他与其弟曾国潢的信中也提到："余与沅弟（曾国荃）论治家之道，一切以星冈公为法，大约有八字诀。其四字即上年所称'书、蔬、鱼、猪'也，又四字则曰'早、扫、考、宝'……星冈公生平于此数端最为认真，故余戏述为八字诀曰：书、蔬、鱼、猪、早、扫、考、宝也。"此后"八字诀"多次出现在曾国藩的家书之中：考，即诚修祭祀祖先；宝，即善待亲族邻里；早，即每天早起；扫，即打扫屋室、院落；书，即要多读书，刻苦读书做学问；蔬，即要自己种菜；鱼，即养鱼；猪，即养猪。

他在给曾纪泽、曾纪鸿的信中提到："男子须讲求耕、读二事，如女须讲求纺绩酒食二事……尔等亦须留心于莳蔬养鱼，此一家兴旺气象，断不可忽。"

（资料来源：檀作文．曾国藩家训．北京：中华书局，2020．有改动）

3．有助于学生形成正确的价值观念

劳动教育对引导学生践行社会主义核心价值观具有重要意义。当今演艺圈的天价片酬和阴阳合同、娱乐选秀节目批量造星、"流量小生"一夜暴富、"网络红人"靠打赏日进斗金，这些社会不良风气和乱象，侵蚀学生的心灵，扭曲其价值观念，助长好逸恶劳、拜金主义、享乐主义和极端个人主义的思想。只有通过劳动教育，让学生热爱劳动、尊重劳动，尊重每一位劳动者，使他们真正认识到劳动是财富的源泉，"幸福是奋斗出来的"；让他们相信劳动是推动人类社会进步的根本力量，社会发展中的各种难题，只有通过创造性劳动才能破解；让他们自觉将日常

生活与理想追求紧密结合，在劳动创造中实现远大理想和个人目标，树立依靠辛勤劳动、诚实劳动，以劳动获取财富、实现人生价值的正确思想观念。

案例分享

★★★★★

单车护卫队

这是一个共享的时代，共享单车特别方便，拿出手机，扫码骑车三秒钟。还有另外一个动作是双手扛起车，然后双肩用力把它放到货车上，也是三秒钟。这听起来好像有点像偷车是吧？别误会，这是共享单车运维工的一个标准动作。

他们每天都要在城市当中的大小角落去寻找那些被乱停乱放的共享单车。他们在凌晨四点我们起床上班之前，要把这些单车重新归置好，放到我们最需要、也是最方便的地方。比如说，地铁站口、公交车站旁边或小区门口。他们称自己为“单车的护卫队”，他们做那个三秒的动作，每天要做上成百上千次，相当于做两千多次的“举铁”。

有一个小伙，他来自温州，他说：“干这个工作比健身强，能练出八块腹肌。”而且他特别自豪，说：“这是中国的新四大发明，我们现在的工作特别高级，在保护四大发明。”

现在我们每天上班的时候，能够很便捷地找到车，然后三秒扫码。别忘了，晚上有人在为我们三秒扛车。套用现在很流行的网络鸡汤，就是“哪有什么三秒扫码骑车，只不过是有人为我们负重前行”。

是的，这是一个共享的新时代，便捷而且高效。但总有一群人，在那个我们不知道的凌晨四点，为我们共享他们的劳动，默默而踏实。

（资料来源：每个为梦打拼的人，就是北京最真实的模样.辽沈晚报，2018.有改动）

4．有助于培养学生的艰苦奋斗精神

艰苦奋斗是中华民族的传统美德，也是社会主义精神文明建设的重要内容。要通过劳动教育，培养学生自立自强、不怕艰苦、追求真理的大无畏精神，增强自身的责任感，培养学生的奋斗精神。人世间的一切幸福都需要靠辛勤的劳动来创造，作为中华民族的传统美德，艰苦奋斗、自强不息自古以来就是我们民族精神的重要内容。正如《周易》中说：“天行健，君子以自强不息。”正是依靠这种艰苦奋斗精神，中华民族才能历经沧桑而不衰，巍然屹立于世界民族之林。劳动是促进社会发展的动力，习近平总书记指出：“劳动是财富的源泉，也是幸福的源泉。”劳动教育重在引导学生尊重劳动，崇尚劳动，参与劳动，在劳动实践中感悟劳动的价值，为大学生奋斗精神的养成提供有效途径。

案例分享

朱德的扁担

井冈山峰峦起伏，一条崎岖的小路蜿蜒曲折，通向山顶。一队穿着灰布军服的红军战士，每人肩挑一担粮食，正沿着这条山道向上攀登。他们一个个汗水湿透了衣衫，但脚步依然那样踏实。扁担合着脚步声，发出“吱嘎”“吱嘎”的声响。队伍中有一位身材魁梧的“老”红军，四十多岁的年纪，四方脸，宽前额，浓眉大眼。他，就是工农红军第四军军长——朱德。

原来，1928年秋天，国民党反动派加紧了对井冈山革命根据地的军事围剿和经济封锁，妄图把红军困死、饿死。为了保卫井冈山根据地，粉碎敌人的阴谋，党中央向根据地军民发出了“自力更生、艰苦奋斗、坚持斗争”的号召。朱德积极响应，他和战士们一样，脚穿草鞋，身背斗笠，翻山越岭去挑粮。

当时，朱德已经四十多岁了，他白天挑粮上山，夜里还要批阅文件，和党代表毛泽东一起商议革命大计。战士们生怕他累坏了，都对他说：“你日夜操劳太吃力了，不要再下山挑粮了吧！我们大家每人多挑一点，就把你的这份补上了。”每当这时，朱德总是笑笑不作声，可是第二天一早，还是和战士们一起出发挑粮。

怎么办呢？有一回，一位小战士想出了这样一个主意，他对大伙说：“我们把朱军长的扁担藏起来，没有扁担，他就没有办法去挑粮了。”大家异口同声：“好！”这天挑粮回来，战士们就把朱德的扁担藏了起来。可是第二天，朱德又拿了一根新削好的扁担出现在挑粮的队伍中。“再藏！他削多少，藏多少，一直藏到他不再挑粮为止。”战士们这样想。傍晚，朱德稍不留意扁担就不见了。他马上找了一根上好的毛竹，又削了一根扁担，还在扁担上刻了“朱德记”三个字，心想：“这下你们就没法再藏了吧。”他拿了这根刻有三个大字的扁担，又来到挑粮的队伍中。战士们你看看我，我看看你，不知说什么好。朱德笑着对大家说：“以后谁要再藏我的扁担，我可要批评了。”说完，就带领战士们消失在茫茫的晨雾中。战士们见朱德态度这样坚决，也就不好意思再藏了。

从此，“朱德挑粮上坳，粮食绝对可靠，大家齐心协力，粉碎敌人‘围剿’”这首歌谣和“朱德的扁担”这个故事，就在井冈山根据地传开了。

只有经过劳作、经过奋斗得来的快乐，才是真正的快乐。而且快乐常常不是要等到艰苦之后，而是在艰苦之中。

（资料来源：朱德与扁担的故事.百度文库，2014.有改动）

第三节　我国劳动教育的发展

一、中华人民共和国成立前和成立初期

扫一扫 看一看

我国劳动教育的发展，在中华人民共和国成立以后从探索前进到逐渐成形经历了几十年的时间。事实上，早在民国时期，针对专门的劳动教育就已经出现，在当时，称为劳作教育。劳作教育是中国教育现代化的重要组成部分，是民国时期在教育体系中虽然不受重视，但是涵盖内容颇为广泛，而且变化很频繁的科目。其旨在通过校事、家事、农事、工艺等教育，培养学生的劳动习惯、审美能力、创造能力，陶冶学生的思想品德，使学生掌握劳动知识和技能。

（一）中华人民共和国成立前

1922年11月，中华民国北洋政府以大总统令颁布的《学校系统改革案》中规定了学制系统。这就是壬戌学制，又称新学制。此改革案由全国教育会联合会提出。《学校系统改革案》列有7条标准：适应社会进化之需要，发挥平民教育精神，谋个性之发展，注意国民经济力，注意生活教育，使教育易于普及，多留各地方伸缩余地。1923年又重新修订了新学制课程标准纲要。其规定小学课程为国语（包括语言、读文、作文、写字）、算术、卫生、公民、历史、地理、自然、园艺、工用艺术、形象艺术、音乐、体育等学科。初级中学课程分社会科、言文科、算学科、自然科、艺术科、体育科等。高级中学分普通科和职业科（有师范、商业、工业、农业、家事等科）。普通科以升学为目的，又分为两组：第一组注重文学和社会科学。第二组注重数学和自然科学。课程均分公共必修、分科专修、纯粹选修3个部分，各科课程以学分计，以修满150学分为毕业标准。由此来看，起码在这种学制里面，对于劳作教育是有具体体现的。比如，小学阶段的园艺、工用艺术都有劳动的成分，中学阶段的社会科、体育科也有涉及，甚至在高等教育体系里面也有劳作教育方面的因素。

施行壬戌学制以后，中国社会经历了前所未有的重大转变，中外文化、思想激烈碰撞对民国时期的教育形成了一次次巨大的冲击，导致中小学的劳作教育也出现了诸多变化与发展。影响中小学劳作教育发展变化的因素变得更为复杂，导致了从“手工教育”到“工用艺术教育”，再到劳作教育的两次重大的转变，使民国时期的中小学劳作教育具备了如下特点：在过程中体现出从照搬照抄到自我创新的成熟过程；鉴于当时的时代背景，劳作教育不可避免地带有被迫的现实妥协性；政治因素在教育中的影响非常大；劳作教育在民国教育体系中并未受到足够重视，体现出一点自身的独有特点。

与民国时期劳作教育的不受重视相比，重视劳动教育是中国共产党作为马克思主义政党的优良传统。早期的共产主义运动十分重视鼓励掌握先进理论的知识分子与工农群众联合起来。

李大钊（图 2-11）认为对劳动工人阶级进行教育实属必要，他鼓励青年走到工农实际运动中去。广大学生先后带着先进的思想走进了工棚，走进了农田，思想性有了很大提高。民国时期著名教育家陶行知先生的生活教育理论中主张的“在劳力上劳心”，就是告诉世人要培养既能动手也能动脑的健全人。这些对“劳动教育”的探索，推动了我们教育模式的转变。

图 2-11　李大钊

案例分享

民国时期独特的风景——人力车夫与民国文学

关于人力车何时传入中国，我们据法国梅朋与傅立德的《上海法租界史》得知，1874 年，从日本来华的法国人梅纳尔首次把人力车这种新式的交通工具引进上海，从而使法、英租界当局赚了大钱。这个行当在上海迅速发展起来，到 1928 年，上海的人力车已达 36280 辆，数目极其可观。

著名诗人黄遵宪眼中的人力车，充满了美，充满了诗意。他作了一首诗，专赞人力车的迅疾：“滚滚黄尘掣电过，万车毂击复竿摩。白藤轿子葱灵闭，尚有人歌踏踏歌。”其对人力车的赞美之意更明显。刺激人心的风驰电掣、万车争道的壮观景象，正是现代文明来临的典型写照，与旧时白藤轿子的封闭、迟缓不可同日而语。

不过，被黄遵宪叹为绝技的日行二三百里，是以人力车夫的体力透支为代价的。1918 年《新青年》杂志上登出的第一批白话诗，便有胡适的一首《人力车夫》。这首诗不单在现代白话诗史上堪称开山之作，而且表现出对人力车夫的怜悯之情。

胡适的一首像一幕小短剧，以乘车人与拉车人的对话写出：

“车子！车子！”

车来如飞。

客看车夫，忽然心中酸悲。

客问车夫：“你今年几岁？拉车拉了多少时？”

车夫答客：“今年十六，拉过三年车了，你老别多疑。”

客告车夫：“你年纪太小，我不能坐你车。我坐你车，我心中惨凄。”

车夫告客：“我半日没有生意，又寒又饥。你老的好心肠，饱不了我的饿肚皮。我年纪小拉车，警察还不管，你老又是谁？……”

客人点头上车，说：“拉到内务部西！”

诗中直接道出了诗人对人力车夫的深切同情。这种内心的“酸悲”“惨凄”，更因为车夫是个十三岁就开始拉车的孩子而加重。这种新视角、新体验明显是五四时期人道主义思潮所带来的。人力车夫的生计一时间成为引人注目的社会问题，报刊上甚至为此展开了热烈的讨论。在小说创作中，更产生了鲁迅的《一件小事》、郁达夫的《薄奠》等名篇。到了

20世纪30年代，老舍的《骆驼祥子》仍以对人力车夫命运的深刻反映而震撼人心，成为一代名作。尽管这些作品侧重点不同，如鲁迅小说重在表现人力车夫的人格高尚，比其他同类题材之作立意新；但人力车夫已作为劳动者的代表进入文学作品，则是毫无疑问的。

人力车夫成为五四文学中最重要的劳动人民形象，说起来不乏偶然性。五四作家的平民意识使他们以描写下层劳动人民的生活、情感为文学的重大使命，而其生活圈子又先天地限制了他们对广大工农的了解。只有每天出门坐车接触到的人力车夫，才是进入他们生活中，并为作家所熟悉的唯一的劳动者。于是，人力车夫便理所当然地获得了作家的青睐。

虽然如此，偶然性中仍包含着必然性。同是一辆人力车，从先进生产力的象征到劳动者苦难的化身这种文学上的变迁，正好从一个侧面展现了历史前进的轨迹。

（资料来源：夏晓虹.诗界十记.北京：北京大学出版社，2019.有改动）

（二）中华人民共和国成立初期

1949年，钱俊瑞在《在第一次全国教育工作会议上的总结报告要点》中总结道："这种新教育是民族的、科学的、大众的教育，其方法是理论与实际一致，其目的是为人民服务，首先为工农兵服务，为当前的革命斗争与建设服务。"其中所说的理论与实际是相结合的。同时，劳动教育是我国教育方针的生命线。它为我国培养社会主义初期劳动者指明了方向。

中华人民共和国成立之初，国内局势基本稳定，亟需提高我国的经济水平，重点就是发展我国的工业生产，这就需要一大批人员去发展生产。在当时要实现工业化除了引进国外先进的科学技术和大型生产机器之外，还需要投身实践、参与生产的劳动者。但是，当时我国的教育事业面临着发展的选择，主要是中华人民共和国成立前的文化教育观念和老解放区的教育经验及苏联教育经验对我国教育发展造成了一定的困扰。最终，在排除前两者的影响后，我国在制定教育发展方向和人才培养目标上完全照搬苏联模式，一切以经济发展为着眼点，建立了一套为社会主义革命建设服务的社会主义文化新体系。此外，我国依据苏联社会主义的经验和对自身实际情况的了解，制定出教育要为社会主义经济建设服务的一系列措施。劳动教育在当时成为培养知识分子的一个途径，不仅在一定程度上完善了学校的课程设置，也促进了当时的生产劳动。

毛泽东同志的劳动教育观是在马克思恩格斯对教育和生产劳动相结合的思想基础上的进一步深化发展。特别要提出的是，毛泽东从我国国情和实际出发，十分重视劳动教育，其倡导的劳动教育是为了促进中华人民共和国成立初期的生产发展。20世纪50年代，根据毛泽东同志的讲话精神，"教育与生产劳动相结合"写进了党的教育方针，并纳入国家宪法之中，爱劳动被定为"五爱"国民公德之一，学校把学生参加生产劳动作为一项主课，除组织学生下厂下乡参加工农业生产劳动外，有条件的学校还可以自办校办工厂和实验园地，有计划地组织学生参加生产劳动。1957年毛泽东同志在《关于正确处理人民内部矛盾的问题》中明确提出：我们的教育方针，应该使受教育者在德育、智育、体育几方面都得到发展，成为有社会主义觉悟的有文化的劳动者。同年5月10日，中共中央发出由毛泽东审定的《关于各级领导人员参加体力劳动的指示》：各级领导干部参加体力劳动，使脑力劳动和体力劳动逐步结合，是发扬我们党联系群众、艰苦奋斗这个优良传统的一个制度。1958 年的《工作方法六十条》对各级各类学校有关工农业生产劳动活动的安排做了明确的规定。

中华人民共和国成立初期劳动教育具体做法是以制定劳动教育相关条例与规范劳动教育发展方向为主，处于劳动教育的探索阶段。劳动教育是马克思主义教育与生产劳动相结合的一部分，其宗旨在于促进教育与生产劳动更好结合，从而在实践中培养工人的劳动能力，最终提高劳动效率，这是劳动教育为实现教育与生产劳动相结合的主要目的。劳动教育作为培养全面发展的人的一种途径，在资本主义工业文明早期主要以参加社会生产劳动为主，由学校交给学生生产技巧和新技术，使得他们一边通过劳动教育促进自我发展，一边通过学习技术维持生活，提高劳动效率，促进社会的发展。我国劳动教育的探索时期以借鉴苏联的劳动教育观与学习马克思“教劳结合”思想为主，在劳动教育中开展了积极的尝试与探索。

拓展阅读

新中国第一代劳动模范——孟泰

孟泰（图 2-12）是新中国成立后第一代全国著名的劳动模范，河北省丰润区人，于 1898 年出生于一个贫苦农民的家庭。他爱厂如家，艰苦创业，在恢复和发展鞍钢生产中做出了重大贡献，8 次受到毛泽东主席的接见，先后当选为第一届、第二届、第三届全国人民代表大会代表，当选为中国工会第七次、第八次全国代表大会执行委员。

图 2-12　孟泰

孟泰 1949 年加入中国共产党，成为中华人民共和国成立后鞍山第一批发展的产业工人党员之一。他带领广大工人把日伪时期遗留下来的几个废铁堆翻了个遍，建成了当时著名的“孟泰仓库”。抗美援朝战争期间，他主动当了护厂队员，把行李扛到高炉上，冒着遭到空袭的危险，随时准备用身体护卫高炉。他勇于攻克技术难关。在苏联政府停止对我国供应大型轧辊，致使鞍钢面临着停产威胁的情况下，他组织 500 多名技协积极分子开展了从炼铁、炼钢到铸钢的一条龙厂际协作联合技术攻关，先后解决了十几项技术难题，终于自制成功大型轧辊，填补了我国冶金史上的空白，被誉为“为鞍钢谱写的一曲自力更生的凯歌”。他自己设计制造成功的双层循环水给冷却热风炉燃烧筒提高寿命 100 倍。他心里时刻装着职工，为生产解难，为工人排忧。在三年困难时期，他为使工人保持好的体力，不影响生产，把几个女儿靠挖野菜喂养大的两头猪送到厂里，为全厂职工改善伙食。在一批急待住院的职工因为没有床位而不能住院治疗影响身体康复的时候，他买来废钢管，组成青年突击队，自制铁床，既缓解了燃眉之急，又节省了费用。他在担任鞍钢炼铁厂副厂长的 8 年中，被工人们称为“身不离劳动、心不离群众的干部”。1967

年9月积劳成疾的孟泰在北京病逝。

孟泰的精神永远激励着广大职工群众在岗位上为国家的经济发展做贡献。1986年4月，鞍钢公司为孟泰同志举行了塑像揭幕仪式，基座上镌刻着“孟泰精神永放光芒”的题词。1993年4月，鞍钢工会与鞍山市立山区政府共同为孟泰同志在立山公园建造了全身塑像，并将立山公园更名为孟泰公园。

（材料来源：孟泰：一座永远矗立在职工心中的雕像.人民网，2016.有改动）

二、社会主义建设时期

正如恩格斯所言，历史并不总是直线向前发展，而是跳跃式发展、曲折中前进的。要坚定中华人民共和国建设的社会主义方向，教育就必须为无产阶级政治服务，必须要同生产劳动相结合，劳动人民要知识化，知识分子要劳动化。

1958年，教育部党组提出教育必须与政治、劳动相结合，让知识分子意识到参加劳动、改造自己，可以把他们培养成又红又专的人。不难看出，这时的劳动教育政策已经或多或少带有了一些政治气息，劳动教育开始和知识分子思想改造联系在一起。1963年颁布的《关于农村社会主义教育运动中一些具体政策的规定（草案）》也强调，阶级斗争和革命运动才是促进生产的动力，是群众生产积极性的来源，这一规定进一步提高了阶级斗争在劳动生产当中的地位。到1966年，教育部党组进一步指出要使青少年免受资产阶级思想的腐蚀，就要“组织他们学习和劳动，加强思想政治教育，有计划地输送他们上山下乡”，出现了“以劳动代替教学”的情况。

拓展阅读

★★★★★

共产主义劳动大学

在江西，有世上唯一沿用“共产主义劳动大学”名字的学校，这就是婺源郭公山共产主义劳动大学。

1958年6月，中共江西省委根据毛主席关于“半工半读”的教育思想，并在省长邵式平等同志的积极提议下，作出了创办共产主义劳动大学（以下简称共大）的决定。共大以抗大为榜样，以垦殖场为基础，先上马后备鞍，很快筹办起来了。至1958年8月1日，共大总校和井冈山、大茅山、油山、黄冈源山、云山、南城、高安等30所分校同时举行了开学典礼，有学生11 000多人。

共大坚持自力更生、艰苦奋斗的精神办学，提出“半工半读，勤工俭学”的办校方针。学校根据所设专业办起了农场、林场、牧场及各种为农业服务的工厂，作为基地，提出并逐步建立起教学、生产、科研三结合新体制。为适应这种新体制，经过几年实践，其实行了系、场（厂）合一，把专业对口的生产基地与系（专业）合并起来，统一组织，统一领导，统一实施教学、生产、科研三结合计划，编制教学生产配当，进而实行教学班、生产队、教研组合。按照专业性质和不同年级恰当规定“工”与“读”的比例，把“工”与“学”有机结合起来。

（资料来源：陈家鹏，舒庭毅.毛泽东与江西共产主义劳动大学.党史纵览，2006.有改动）

三、改革开放以后至 20 世纪末期

（一）改革开放开始厘清劳动教育思路

1978 年改革开放揭开了时代新篇章，劳动教育改革也提上日程。这一时期的教育方针深深植根于经济建设大背景下，为国家的全方面改革建设服务，与国民经济快速发展相契合。国家通过根本大法的方式对教育进行进一步厘清。“国家发展社会主义的教育事业，提高全国人民的科学文化水平。”国家对教育破旧立新，重新规定了教育的阶级属性。

邓小平多次在全国工作会议上指出，要在新的社会背景下，研究如何在批判继承的基础上更好地贯彻落实教劳结合的教育方针、如何更好地让教育为经济建设添砖加瓦。积极探索教育与生产劳动在新时期新的融合发展模式成了新时期现代化发展的重要命题。1978 年，邓小平在全国教育工作会议上重申了“教育与生产劳动相结合”既是我们党的教育基本方针，也是我们党的教育优良传统，同时以“面向世界、面向未来、面向现代化”的眼光，立足中国经济社会和教育事业发展的实际，对科学开展劳教结合做出指导意见。在国家战略层面，教育与生产劳动相结合要关注教育事业与国民经济发展的要求相适应，教育的类型结构、办学规模、发展速度、专业设置、课程教材、教学手段、教学内容等要和经济社会发展相匹配；在教育内容和方式层面，教育与生产劳动相结合要与科学技术的时代发展相适应，它的内涵和要求不是僵化不变的；在学校实施层面，教育与生产劳动相结合的教育教学内容和形式要符合学校、学生教育实际，要有科学的计划和安排。同年，教育部颁布的《全日制十年制中小学教学计划试行草案》，再次取消小学手工课程和小学、初中、高中学生每年的课外劳动时间要求，在初中三年级和高中三年级设置“农基”课程，初三每 2 周 1 课时，高三下学期每周 2 课时；原“生产劳动”的要求改为学工、学农、学军“兼学”要求，规定“兼学”时间为小学四、五年级每年 4 周，初中每年 6 周，高中每年 8 周。

1981 年，教育部下发了五、六年制中学教学计划通知，明确指出中学劳动技术课程以服务“四个现代化”为目标。次年，教育部又下发《关于普通中学开设劳动技术教育课的试行意见》，指出在中学开设劳动教育技术课对现代化建设的重要意义。这份文件首次以独立文件的形式强调了开设劳动教育课程对我国现代化建设的重要性，劳动教育课的地位进一步提高。到 1986 年，国家教委在《中小学勤工俭学发展规划要点》中将勤工俭学作为劳动教育的主要手段。

1987年《“七五”期间全国教育科学规划要点》出台，首次把劳育与德智体美并列提出（在此之前，劳动教育一直包含在德育中），劳动教育在人才培养中的重要性日渐凸显。

进入20世纪90年代之后，我国进行市场经济改革，劳动教育的政策进一步强调服务社会主义现代化建设的目标。1993年国务院印发的《中国教育改革和发展纲要》指出，教育要服务现代化建设并与生产劳动相结合；针对农村教育现代化发展缓慢的现状，1995年国家教委下发了推进农村教育改革的意见，要求农村中小学开设劳动课、劳技课，促进农村教育现代化，以缓解城乡教育发展不平衡的问题；1997年颁布的《普通中小学校督导评估工作指导纲要（修订稿）》，指出教育是否与生产劳动相结合成为检验中小学的标准之一。值得注意的是，纲要除了强调劳动教育的现代化建设方向，“学生自身发展的需要”也出现在办学方向中。

到党的十四大以前，国家全面改革劳动教育异化时期教育的失衡，肃清劳动教育中的不成熟不合理因素，推动劳动教育为新时期现代化建设服务，结合国情将现代化教育落到实处，在大政方针上进一步规定了劳动教育要适应现代化发展的新趋势。

拓展阅读

“五一”国际劳动节的由来

1886年，第一国际日内瓦会议提出八小时工作制的口号。1886年5月1日，以美国芝加哥为中心，35万人参加了大规模罢工和示威游行，示威者要求改善劳动条件，实行八小时工作制。1886年5月3日，芝加哥政府出动警察进行镇压，开枪打死2人，事态进一步扩大。

5月4日罢工工人在干草市场广场举行抗议（图2-13），由于不明身份者向警察投掷炸弹，最终警察开枪，先后共有4位工人、7位警察死亡，在随后的宣判中有8位无政府主义者以谋杀罪被起诉，4位无政府主义者被绞死，1位在牢中自杀。

图2-13　干草市场暴乱

为纪念这次伟大的工人运动及抗议随后的宣判，世界范围内举行了工人的抗议活动。这些活动成了国际劳动节的前身。1889 年 7 月，恩格斯组织召开的第二国际成立大会宣布将每年的 5 月 1 日定为国际劳动节。

中华人民共和国成立以后，中央人民政府于1949年12月将5月1日定为法定的劳动节，全国放假 1 天。每年的这一天，举国欢庆，人们换上节日的盛装，兴高采烈地聚集在公园、剧院、广场，参加各种庆祝集会或文体娱乐活动，并对有突出贡献的劳动者进行表彰。

（资料来源："五一"国际劳动节的起源. 中国文明网，2013. 有改动）

（二）展望新世纪劳动教育改革

1993 年 11 月中国共产党十四届三中全会举行，社会的现代化建设步伐加快，劳动教育迎来了学科化向综合实践化发展转向的过渡时期。1993 年印发的《中国教育改革和发展纲要》(以下简称《纲要》）指出，当前的教育工作任务是要进一步提高劳动者素质，推动形式上和技能上的劳动教育。《纲要》拉开了劳动教育现代化转型的序幕，推动劳动教育逐渐走向制度化和规范化。

经过多年的改革开放和现代化建设，我国经济发展迅猛，劳动力水平普遍提升，然而如何在高精尖领域培养尖端人才、增强核心竞争力，仍然是一个比较突出的问题。为此，1997 年党的十五大报告中高度重视学生综合素质的提升，学生的个人素质和全面发展成为教育关注的重点。1998 年，教育部下发了《关于加强普通中学劳动技术教育管理的若干意见》，指出劳动技术教育在素质教育中的重要地位，这一意见将劳动教育纳入素质教育的范畴，把劳动教育视为学生全面发展的重要组成部分，劳动教育的重要性再一次凸显。

到 20 世纪末，劳动教育的发展处于重大转型阶段，综合实践化、人本化和素质教育化是该阶段过渡的重点和目标，人的劳动培养由此有了更全面的内涵和意义，为 21 世纪全面建设小康社会中劳动教育的发展奠定了思想理论根基与初步探索经验。

拓展阅读

★★★★★

改革开放以来教育体制改革的发展路径

改革开放以来，教育的改革发展可划为四个时期：1977—1984 年，拨乱反正，恢复整顿的阶段；1985—1989 年，全面开展教育体制改革的时期；20 世纪 90 年代中期至 2003 年，教育发展的经济主义时期；2003—2008 年，贯彻落实科学发展观，促进教育公平的时期。由于 20 世纪 70 年代末的思想解放在教育领域未深入进行，教育的重建回到 20 世纪 50 年代的计划体制。20 世纪 80 年代以体制改革为核心的教育改革取得一定成就。20 世纪 90 年代之后，教育发展取得巨大成就；但由于体制改革停滞，出现官本位、行政化价值的回潮，教育走上被称为"教育产业化"的轨道。面向未来的中国教育，需要继续解放思想，促进改革开放，推进以体制改革为中心的教育改革。

以1904年癸卯学制颁布、1905年废除科举为起点，中国现代教育的发展已逾百年。以1977年“文化大革命”结束、重新恢复全国统一高考制度为起点，中国当代教育的发展、改革已经30年。积30年来的发展和改革，我国教育获得巨大的发展。教育正在成为中国现代化事业强劲的动力和资源。与此同时，教育面临巨大的危机和挑战。更新和改革教育，成为中国实现社会主义现代化的目标需要突破的重要瓶颈。

中国实现经济的可持续发展，实现文明、民主、富强的现代化目标，有赖于先进的、可以兴国的教育。面向21世纪，中国需要新的教育哲学和教育理想，需要新的发展战略和目标模式，需要推进以体制改革为中心的教育改革，实现中国的教育现代化。

（资料来源：邹东涛．中国改革开放30年（1978—2008）．北京：社会科学文献出版社，2008．有改动）

四、全面建设小康社会以来

进入21世纪以后，对知识和人才的尊重融合进了教育的发展，劳动教育进入整合发展时期，通过综合实践活动课程方式让劳动教育更加多元化，以人为本凸显课程内在人文性价值的丰富化，全面推进学生自主参与社会综合性实践，培养独立意识，认知劳动创造的乐趣与重要性。

拓展阅读

德智体美劳的历史沿革

劳动本意就是操作、干活，而且多指从事劳其筋骨的体力活。把劳动作为一种教育目标也是近现代的事。

《论语》中有记载，孔子的学生樊迟想向孔子学习种田种菜，被孔子以“吾不如老农”“吾不如老圃”顶了回去。也许是孔子这不经意一骂的缘故，中国此后的两千年里没有人再敢谈劳动教育之事、敢穷劳动教育之理了。一直到了民国初年，大教育家蔡元培担任教育总长的时候，提出了“德智体美劳”五育并重的教育方针，在民国时期得到普遍认同，但也没有写进1922年通过的“新学制”中，也非真正照此严格执行的。

中华人民共和国成立之后，非常重视制定教育方针，把它视为统率教育的总目标、总方向。罗列一下，历来的教育方针大致有：

（1）新民主主义教育方针（1949年）。1949年9月21日至30日，中国人民政治协商会议第一届全体会议在北京举行。会议一致通过了《中国人民政治协商会议共同纲领》（以下简称《共同纲领》）。《共同纲领》第五章“文化教育政策”第一条中明确规定：“中华人民共和国的文化教育为新民主主义的，即民族的、科学的、大众的文化教育。”

（2）“三育”教育方针（1957年）。1957年2月27日，毛泽东在《关于正确处理人民内部矛盾的问题》的讲话中提出：“我们的教育方针，应该使受教育者在德育、智育、体育几个方面都得到发展，成为有社会主义觉悟的有文化的劳动者。”

（3）“三个面向”“四有新人”教育方针。改革开放之初，邓小平指示：“教育要面向现代化、面向世界、面向未来，应培养‘有理想、有道德、有文化、有纪律’的人才。”

（4）“三育”教育方针。1993年提出的教育方针中指出：“教育必须为社会主义现代化建设服务，必须与生产劳动相结合，培养德智体等方面全面发展的社会主义事业的建设者和接班人。”

（5）“德智体美”教育方针。1999年6月印发的《中共中央、国务院关于深化教育改革全面推进素质教育的决定》指出：“以提高国民素质为根本宗旨，以培养学生的创新精神和实践能力为重点，造就‘有理想、有道德、有文化、有纪律’的德智体美等全面发展的社会主义事业建设者和接班人。”

（6）“立德树人”教育方针。党的十八大提出：“坚持教育为社会主义现代化建设服务、为人民服务，把立德、树人作为教育的根本任务，全面实施素质教育，培养德智体美全面发展的社会主义建设者和接班人，努力办好人民满意的教育。”

（7）“德智体美劳”五育并重教育方针。2018年9月10日，中共中央总书记习近平提出：“培养德智体美劳全面发展的社会主义建设者和接班人。”

综观100多年来的现代学校教育发展，蔡元培（图2-14）是首个完整提出德智体美劳全面发展教育方针的人。而首次完整提出“培养德智体美劳全面发展的社会主义建设者和接班人”的教育方针，并写入国家法规文件，而且将全面贯彻落实付诸行动，是在2018年的教师节。可以预见的是，五育并重的教育方针，将在教育领域深耕，培养出一代代拥抱未来的有用之才。

图2-14 蔡元培

（资料来源：童富勇.“德智体美劳”的历史沿革.浙江教育报，2018.有改动）

进入21世纪以后，对知识和人才的尊重融合进了教育的发展，劳动教育进入整合发展时期，通过综合实践活动课程方式让劳动教育更加多元化，以人为本凸显课程内在人文性价值的丰富化，劳动情感教育将劳动情感进行整合，塑造繁盛的精神世界。全面推进学生自主参与社会综合性实践，培养独立意识，认知劳动创造的乐趣与重要性。

以全面推进素质教育为宗旨，2000年教育部印发的《全日制普通高级中学课程计划（试验修订稿）》将劳动技能作为学生综合素质的一个重要组成部分，把“劳动技术教育”列为高中国家必修课程“综合实践活动课程”的一部分，课程目标是“主要对学生进行劳动观念和一般劳动技术能力的教育，进行现代职业意识、职业技能的培养和就业选择的指导”。2001年，劳动教育被纳入综合实践活动中，成为和研究性学习、社区服务与社会实践、信息技术并列的综合实践活动四大领域之一。综合实践活动的综合性有助于促进劳动教育不同组成部分及劳动教育与其他三个组成部分的整合，实践性可以避免劳动教育停留于课堂教学而忽视劳动体验和操作，生成性则增强了学生在劳动教育过程中的主动性和参与性。综合实践活动在实践中形成了学科拓展式、主题活动式、区域推进式等多种课程开发与实施模式。作为其组成部分之一的劳动教育的开展方式也随之增多，有助于增强学生对劳动教育的兴趣，提升劳动教育的实施效果。2001 年《国务院关于基础教育改革与发展的决定》发布，赋予了劳动教育更加丰富的内涵与要求，推动了劳动教育迈入整合发展的时代。在 2010 年的全国教育工作会议上，劳动教育再一次上升到中央的工作要求，胡锦涛同志在讲话中强调，“要全面贯彻党的教育方针，坚持教育为社会主义现代化建设服务，为人民服务，与生产劳动和社会实践相结合，培养德智体美全面发展的社会主义建设者和接班人”，“要促进学生全面发展，优化知识结构，丰富社会实践，加强劳动教育，着力提高学习能力、实践能力、创新能力，提高综合素质，加快改变学生创新能力培养不足状况”。劳动教育定位于实现学生全面发展目标和解决学生创新能力培养不足问题的基本途径。

案例分享

堪当大任的中国青年

2020 年初，一场突如其来的传染性疾病席卷全国。在这场举世瞩目的战“疫”过程中，广大青年展现出了非凡的勇气和胆识，成了这场全民防疫战的骨干力量，也证明了自身足以成为新时代的中华脊梁。

疫情发生后，广大医务卫生青年主动担当，以 34 名北京大学援鄂医疗队“90 后”党员群体为代表的全国各地医务青年冲上医疗卫生前线，成为各地医疗救护、科研攻关、基础预防等岗位上的重要骨干力量。有的青年直接在本地本单位参加战“疫”，从原来科室支援到发热门诊；更有大量青年主动请缨加入驰援武汉医疗队。一批批“逆行者”中有大量青年医务工作者的身影，如上海复旦大学附属华山医院组建的近 200 人的“抗新冠肺炎青年突击队”、重庆医科大学附属第二医院（宽仁医院）组建的 400 余人的“宽仁抗新冠青年志愿者突击队”中大部分人都成为援鄂医疗队的队员。据统计，在全国 4.2 万多名驰援湖北的医护人员中，就有 1.2 万多名是“90 后”，其中相当一部分还是“95 后”甚至“00 后”。

在战“疫”的关键要塞上，青年彰显了先锋力量。除医护前线以外的其他疫情防控关键要塞上，广大青年以争分夺秒、攻坚克难的先锋表现在各个岗位挥洒青春热血，保障疫情防控高效有序推进。有的青年奋战在重点防疫项目建设现场，如武汉共青团组织 163 支青年突击队参与隔离点、医疗点、方舱医院的建设，1 500 余名志愿者参与后勤保障服务工作。有的青年投身物资生产一线，如江苏各地成立了 97 支青年突击队，保障 58 家企业生产口罩超过千万只。有的青年服务保障交通运输，全国铁路系统在休班铁路团员青年中落实应急突击力量 4.4 万余人，全国民航系统成立青年突击队 1 181 支。北京市先后成立 1 218 支青年突击队，来自各行各业 2 万余名青年打响了“首都保卫战”。

在战“疫”的基层防线上，青年彰显了有生力量。广大农村社区是疫情防控的基础防线，包括高校大学生在内的很多返乡青年，积极响应团中央和各地团组织的呼吁，主动向社区报到，听从安排，科学有序参与社区疫情防控的政策宣传、科学普及、疫情监测、排查预警、扶危济困（图 2-15）。有的是以组织化的方式参与，如湖北中医药大学的 74 名研究生组成医疗志愿服务队，主动到武汉市洪山区社区网格中承担社区防疫工作。再如，浙江省湖州市长兴县，各村团员青年、返乡大学生等组成了 16 支“跑小青”突击队帮助农户及时复工复产。当然，更多的青年是以个人参与方式配合基层防线工作。即便没有直接参与，广大青年也带头做好居家防护和防疫知识宣传，间接支援基层防线构筑。

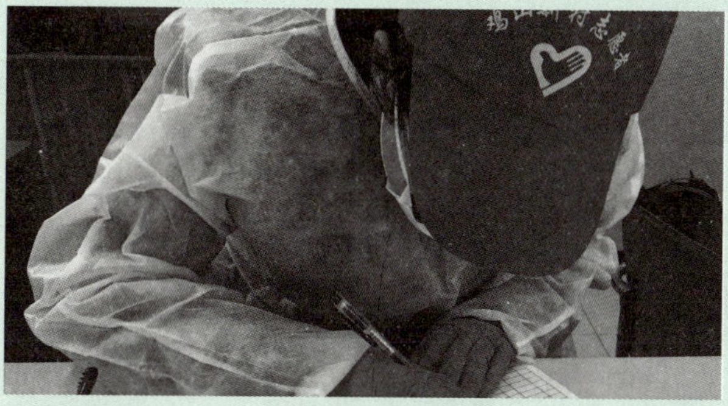

图 2-15　参与社区“抗疫”的大学生志愿者

在战“疫”的外围增援上，青年彰显了服务力量。疫情防控是一场人民战争，需要全民动员。全国各机关、企事业单位、科研院所等青年都积极服从本部门要求，恪尽职守，全国各界青年也都或有组织或自发地尽自己所能为疫情防控服务。一大批青年企业家尽己所能为疫区提供必要的物资和食品，如四川相关企业实施“春风驰援”青年突击队专项行动，提供“公益餐爱心守护”“无接触配送取放点”“民生菜篮子公益对接”等服务，再如，河南嘉禾智慧农业科技有限公司的朱海洋将 30 吨爱心萝卜分批运抵郑州。全国人民居家隔离防护时，在物资供给上需要快递员、外卖员等群体的服务保障，而他们绝大部分都是青年人，在疫情防控期间活跃在大街小巷，服务着亿万家庭。

（资料来源：孙鹏，郑长忠. 堪当大任的新时代中国青年. 中国青年报，2020. 有改动）

五、新时代劳动教育的创新发展

习近平总书记一直尊重劳动、关心劳动者。党的十八大以来，他在多个场合、多次提及劳动和劳动者。

2015 年 4 月 28 日，习近平总书记在庆祝“五一”国际劳动节暨表彰全国劳动模范和先进工作者大会上的讲话中提到：“我们的根扎在劳动人民之中。在我们社会主义国家，一切劳动，无论是体力劳动还是脑力劳动，都值得尊重和鼓励；一切创造，无论是个人创造还是集体创造，也都值得尊重和鼓励。全社会都要贯彻尊重劳动、尊重知识、尊重人才、尊重创造的重大方针，全社会都要以辛勤劳动为荣、以好逸恶劳为耻，任何时候任何人都不能看不起普通劳动者，都不能贪图不劳而获的生活。”

2016 年 4 月 26 日，习近平总书记在知识分子、劳动模范、青年代表座谈会上的讲话中又一次讲到：“素质是立身之基，技能是立业之本。广大劳动群众要勤于学习，学文化、学科学、学技能、学各方面知识，不断提高综合素质，练就过硬本领。要立足岗位学，向师傅学，向同事学，向书本学，向实践学。三百六十行，行行出状元。梦想属于每一个人，广大劳动群众要敢想敢干、敢于追梦。说到底，实现中华民族伟大复兴的中国梦，要靠各行各业人们的辛勤劳动。现在，党和国家事业空间很大，只要有志气有闯劲，普通劳动者也可以在宽广舞台上展示自己的人生价值。”

2018 年全国教育大会上，习近平总书记要求把劳动教育纳入培养社会主义建设者和接班人的总体要求之中，明确提出构建德智体美劳全面培养的教育体系。

2020 年 3 月，中共中央、国务院发布《关于全面加强新时代大中小学劳动教育的意见》，对新时代劳动教育做了顶层设计和全面部署，意义重大，影响深远。我们必须增强全面贯彻党的教育方针、抓好新时代劳动教育的紧迫感、责任感。

案例分享

新时代的劳模代表——马善祥

马善祥，人称“老马”，是十三届全国人大代表、时代楷模、“老马工作室”的创始人。干调解，他干了 30 多年。

作为全国人大代表，马善祥认为密切联系人民群众是他发挥作用、依法履职尽责的基本功。所以，工作室的那张接待台，他始终没有离开过。

来找老马的群众，大多是带着委屈，甚至是怒气。老马说，群众有意见或误解，我们就要想办法让他们思想发生积极变化，让问题得到积极解决。

2019 年一年，老马继续保持密切联系群众的本色，他带着小马们一共接待了 400 余人次群众来访。这 400 多人次里，多数的群众来访并不见得有“天大的委屈”，老马常常三言两语就能化解；而真遇到大的矛盾，老马讲情又讲法，促使双方成功化解矛盾，仅去年就签署司法调解书 51 件。

忙着做群众工作，老马给自己立下的学习目标去年也没落下。“去年写了 100 篇文章，完成了目标任务。”马善祥说，每年写 100 篇文章是他给自己定下的任务。今年除了完成这项任务外，还多了群众工作网上宣传的任务。

老马年纪老，但工作的劲头一点都不老。他说他这么拼，是因为他感恩，他认为他所取得的荣誉都是人民给他的。所以 2020 年疫情期间，在办公室的老马当起了防疫知识宣传员、干部士气的鼓劲手。老马说：“两个多月，写了 20 篇文章，录了 6 期视频，宣传防疫知识，记录基层防疫工作当中的点滴，总结疫情防控中社区治理的经验。”这些发到公众号上的文章、视频，点击量都还不错。疫情期间，老马还参加了江北区法院组织的网上矛盾纠纷化解工作，运用重庆法院“易解”平台成功化解了一起买卖合同纠纷。

全国两会，老马准备了2份建议。但他最看重的，还是这份说理想信念的建议——《在建立“不忘初心、牢记使命”长效机制中专门建立“读原著、学原文、悟原理”的机制》。

老马说，以他30多年的群众工作经验来看，马克思主义是解决众多问题的法宝，而他这么多年一直保持与时俱进的状态，也与长期学习马克思主义有关。为此，他写了很多学习马克思主义的文章，最长的一篇有1.8万字。老马说，有些人片面认为马克思主义原著是历史著作，和当代关系不大，归根结底，那是马克思主义作为“人类真理和道义的制高点”这个深刻思想远没有被意识到。

老马认为，要专门建立“读原著、学原文、悟原理”的机制，用制度的方式激励党员干部学习，让制度产生更大的约束、鼓励和推动作用，待习以为常后变为自觉行动。

“建立‘读原著、学原文、悟原理’学习机制，我觉得可以从五个方面入手。”老马在建议中谈到：机制建设可以从“集中读书，形成制度；正确引导，愉快学习；对标对表，学习遵循；党校学习，强化实践；坚定理想，重塑灵魂”这五个方面入手，抓好落实，在马克思主义的指导下不断从优秀走向完美，不断从胜利走向胜利。

（资料来源：马善祥：为群众排忧解难是终身事业.中国军网，2019.有改动）

党的十八大以来，我国进入中国特色社会主义新时代，教育的改革发展也进入新时代。在综合素质评价稳步推进及立德树人教育体系逐步完善的大背景下，将“劳”纳入教育方针提上了工作日程。

首先，坚持价值引领，确立新时代思想方向。2015年7月，教育部等各部委相继发表有关劳动教育的重要意见，指出劳动教育在贯彻党的教育方针要求、实施素质教育和培育践行社会主义核心价值观方面具有难以估量的重要作用，对价值观塑造具有重大战略意义。依据国情和社会新时代建设进展，准确认识新时代劳动教育的价值观意义，是对马克思主义中国化的有益补充，也是坚定新时代理想信念的有力武器。“劳动教育不单是简单的体力锻炼，更是一种正确劳动价值观的积极引导。”劳动教育的本质是“培育学生正确的劳动价值观，培育受教育者对于劳动的内在热情与外在创造力等素养”，把握社会主义核心价值观方向，从思想上入手，培育新一代社会主义建设者和接班人的劳动技能，推动劳动教育实践的广泛开展。

其次，加强法律建设，明确新时代制度规范。2015年12月，《全国人民代表大会常务委员会关于修改〈中华人民共和国教育法〉的决定》明确提出，“教育必须与生产劳动和社会实践相结合”，用法律的形式再次强调了“教劳结合”。2017年颁布的《关于深化教育体制机制改革的意见》和《中小学综合实践活动课程指导纲要》（以下简称《指导纲要》）指出，要引导学生践行知行合一，积极动手实践和解决实际问题，在制度上规定了劳动教育应更加注重理论与实践结合、体力与脑力结合。《指导纲要》从考察探究、社会服务、设计制作、职业体验等方面对综合实践活动课程进行了制度化规范。

最后，建立长效机制，永葆新时代劳动教育生机与活力。中华人民共和国成立以来，劳动教育缺乏健全机制，有关政策的推行多服务于社会建设，缺乏自身的独立性和连续性，综合实践活动课程也多停留在课程表上。建立劳动教育长效机制，推进教劳实质性结合，落实劳动与教育的内在融合，引发劳动价值自主体验、劳动意识自主萌发，将劳动教育的发展落到实处。2019 年 1 月，教育部部长陈宝生提出，要从综合素质评价、综合实践基地建设及职业启蒙教育等入手，将劳动教育融入日常生活学习，建立有效的劳动教育机制。

2020 年 3 月 20 日，中共中央、国务院印发《关于全面加强新时代大中小学劳动教育的意见》（以下简称《意见》）。《意见》对新时代劳动教育做了顶层设计和全面部署，意义重大，影响深远。《意见》将目标导向和问题导向结合起来，既立足国之大计、党之大计，站在中央的角度，着眼于落实“五育”并举总体要求，面向全党全社会，把劳动教育融入人才培养全过程和家庭、学校、社会教育各方面，构建全面系统的劳动教育体系，落实新时代培养社会主义建设者和接班人对人才培养的新要求；又基于对现实问题的深入调查分析，针对当前大中小学劳动教育存在的“教什么”“谁来教”“什么时间教”“到哪儿教”“不愿意教”等突出问题，明确劳动教育的目标体系、内容体系、实施体系和保障体系，确保新时代劳动教育要求能够有效落地。与其他四育比起来，劳动教育各方面基础薄弱，必须切实加强组织领导。各学校要按照中央要求，将劳动教育列入课程实施方案和专业人才培养方案，要将劳动素养要求纳入专业人才培养方案，加强过程考核和管理。各级教育行政部门要在当地党委、政府统一领导下，明确劳动教育实施机构和人员，对劳动教育进行专门的规划、组织实施和过程考核评估。劳动素养评价是个难题。要在中高考命题中，探索对劳动素养的测评，形成正确、有力的导向。要设立专项进行专题研究和实践探索，列出劳动教育清单，强化对学生劳动实践底线要求的评价，使劳动教育评价“硬”起来，努力破解劳动教育中“不愿意教”的难题。

新时代以来，劳动教育开始加速发展，关于劳动教育的落实机制也愈加健全，劳动教育更加趋向于价值观的引领，多学科资源的相互整合与开放性包容性的方式方法不断涌现，新时代劳动教育健全的实践体系正在构建。

拓展阅读

劳动教育在我国的重生

偏重考试升学客观上冲淡了人们对劳动教育的重视，社会变迁和科技进步改变了传统劳动教育的条件，实践中普遍存在劳动教育在学校中被弱化、在家庭中被软化、在社会中被淡化、在研究中被虚化的现象。

2015 年，根据习近平总书记系列重要讲话精神，教育部、共青团中央、全国少工委出台了《关于加强中小学劳动教育的意见》，提出了劳动教育的培养目标和工作目标，强调

"通过劳动的教育"强化其他四育，达到"树德、增智、强体、育美、创新"的效果，促进学生德智体美劳全面发展。

2018 年 9 月 10 日，针对当前一些青少年中出现的"不爱劳动、不会劳动、不珍惜劳动成果"的现象，习近平总书记在全国教育大会上特别强调了劳动教育的重要性，强调要在学生中弘扬劳动精神，教育引导学生崇尚劳动、尊重劳动，懂得劳动最光荣、劳动最崇高、劳动最伟大、劳动最美丽的道理，长大后能够辛勤劳动、诚实劳动、创造性劳动，强调构建德智体美劳全面培养的教育体系，形成更高水平的人才培养体系，使我国社会主义教育的培养目标更为完整，明确将劳动教育确定为全面发展教育的重要组成部分。教育部将出台大中小学劳动教育的指导意见和劳动教育大纲，修订教育法纳入教育方针，鼓励职业院校联合中小学开展劳动和职业启蒙教育，纳入中小学相关课程和综合素质评价，因地制宜开展家务劳动、校园劳动、校外劳动和志愿服务等劳动，全面构建实施劳动教育的政策保障体系，开展劳动教育的考核、评估与督导。

（资料来源：曾天山.我国劳动教育的前世今生.人民政协报，2019.有改动）

课后思考

1．比较不同时期劳动教育发展状况，理解劳动教育在不同时代背景下的内涵。

2．简述党的十八大以来，在立德树人教育体系逐步完善的大背景下，劳动教育的具体内容。

3．针对新时代劳动教育改革现状，探索劳动教育未来发展新模式。

第三章

以『三种精神』书写劳动美

知识导航

- 理解劳动精神、劳模精神、工匠精神的科学内涵及其内在关系
- 掌握劳动精神、劳模精神、工匠精神的当代价值及其当代传承
- 培育学生的劳动情怀，弘扬劳动精神、劳模精神、工匠精神，形成崇尚劳动、尊重劳动者、尊敬劳模的良好氛围，引导学生践行社会主义核心价值观
- 引导学生爱业、敬业、乐业、勤业，努力成为劳动精神、劳模精神、工匠精神的传承者、践行者、诠释者，在平凡的劳动实践中实现自我价值与人生价值

提升认知

★★★★★

第一节　劳动精神、劳模精神、工匠精神的科学内涵

劳动精神、劳模精神、工匠精神，是广大劳动群众在从事社会生产的劳动实践中锤炼形成的，是我们弥足珍贵的精神财富。我们应该以习近平总书记关于劳动精神、劳模精神、工匠精神的系列重要讲话为重要遵循，深刻领会科学内涵及其相互关系，通过传承弘扬劳动精神、劳模精神、工匠精神，助力实现中华民族伟大复兴的中国梦。

扫一扫 看一看

一、劳动精神的科学内涵

劳动精神的科学内涵——劳动光荣、劳动伟大，遵纪守法、勤勉工作，诚实守信、坦荡无私。劳动精神是每一位劳动者为创造美好生活而在劳动过程中秉持的劳动态度、劳动理念及其展现出的劳动精神风貌。劳动是财富的源泉，也是幸福的源泉。人世间的美好梦想，只有通过诚实劳动才能实现；生命里的一切辉煌，只有通过诚实劳动才能铸就。劳动创造了中华民族，造就了中华民族的辉煌历史，也必将创造出中华民族的光明未来。习近平总书记强调："我们要在全社会大力弘扬劳动精神，提倡通过诚实劳动来实现人生的梦想、改变自己的命运，反对一切不劳而获、投机取巧、贪图享乐的思想。"全社会都要热爱劳动，以辛勤劳动为荣，以好逸恶劳为耻。

新时代的劳动精神重塑了劳动是人的全面而自由的发展的美好追求，表现为一切符合时代要求、创造各种价值的勤奋劳动、诚实劳动和创造性劳动行为及其所体现出来的尊重劳动、崇尚劳动、热爱劳动的积极状态。尊重劳动是把劳动视为人类的本质活动和创造财富的源泉，奉行"劳动光荣、劳动伟大"的劳动认知，即劳动是财富和幸福的源泉，是我们个人和社会发展的原初动力。崇尚劳动是认可劳动价值虽有大小，但职业并无高低，秉持"遵纪守法、勤勉工作"的劳动态度，即只有辛勤劳动才能收获多多。俗话说，天道酬勤，勤能补拙，我们中华民族就是一个勤劳的民族。热爱劳动是发自内心热爱，身体力行劳动，爱惜劳动成果，遵循"诚实守信、坦荡无私"的劳动品德，即劳动的态度要诚实、认真、投入（图 3-1），不弄虚作假、投机钻营，因为只有诚实劳动才会实现美好梦想，铸就生命辉煌。学习和践行劳动精神就是全社会都要热爱劳动、崇尚劳模，让每一个劳动者在劳动中找到自己的人生定位和实现自己的人生价值。

图 3-1 辛勤的雷神山医院建设者

拓展阅读

习近平给郑州圆方集团全体职工的回信

郑州圆方集团全体职工：

你们好！新冠肺炎疫情发生后，你们在集团党委带领下，一直坚守保洁、物业等岗位，不少同志主动请战驰援武汉等地的医院，以实际行动为抗击疫情做出了贡献。大家辛苦了！

伟大出自平凡，英雄来自人民。面对这次突如其来的疫情，从一线医务人员到各个方面参与防控的人员，从环卫工人、快递小哥到生产防疫物资的工人，千千万万劳动群众在各自岗位上埋头苦干、默默奉献，汇聚起了战胜疫情的强大力量。希望广大劳动群众坚定信心、保持干劲，弘扬劳动精神，克服艰难险阻，在平凡岗位上续写不平凡的故事，用自己的辛勤劳动为疫情防控和经济社会发展贡献更多力量。

值此“五一”国际劳动节之际，我向你们、向全国各族劳动群众致以节日的问候！

习近平

2020 年 4 月 30 日

（资料来源：习近平给郑州圆方集团全体职工的回信.新华网，2020）

二、劳模精神的科学内涵

劳模精神的科学内涵——爱岗敬业、争创一流，艰苦奋斗、勇于创新，淡泊名利、甘于奉献。“劳”，表示劳动，这是劳模的基本前提。“模”，体现了一种“示范”和“楷模”的价值导向，一种可近、可亲、可信、可学的榜样作用。“劳模”，意味着“先进符号”，是人民授予生产建设中先进人物的一种崇高称号，以表彰劳动中有显著成绩或重大贡献可以作为榜样的人。套用“学而优则仕”的说法，劳模可谓“劳而优则模”，意味着奉献，代表着社会对他们劳动的承认及对其价值的尊重。

劳模精神是劳动模范身上体现出来的劳动精神。“劳动模范身上体现的‘爱岗敬业、争创一流，艰苦奋斗、勇于创新，淡泊名利、甘于奉献’的劳模精神，是伟大时代精神的生动体现。”习近平总书记关于劳模精神的表述，为我们科学理解和大力弘扬劳模精神提供了正确的方向和指导。这需要我们既正确理解这一表述中六个特点的各自含义，又从整体上把握劳模精神的科学内涵。

总体上看，这一表述一方面道出了劳模之所以能在广大劳动者群体中脱颖的根本原因，另一方面也为广大劳动者群体提出了奋斗的目标和方向。在这六个方面中，爱岗敬业是对做好工作的基本要求，争创一流是对先进性的不懈追求；艰苦奋斗是不畏艰难困苦、坚持奋发进取的工作作风，勇于创新是敢于创新、善于创新的担当使命，是劳模精神的核心；淡泊名利是轻视外在的名声与利益的崇高境界，甘于奉献是对自己的事业无私奉献不求回报的主动修为。做一个守本分、有追求、讲作风、担使命、有境界、有修为的人，是每一位劳模的精神风范，更是每一位劳动者应该追求的目标。

拓展阅读

习近平给中国劳动关系学院劳模本科班学员的回信

中国劳动关系学院劳模本科班的同志们：

你们好！“五一”国际劳动节前夕，收到你们的来信，我感到十分高兴。你们为党和国家事业发展作出了突出贡献，被评为劳动模范，如今又在读书深造，这是对大家辛勤劳动、无私奉献的褒奖，也是党和国家对劳动者的关怀。

社会主义是干出来的，新时代也是干出来的。希望你们珍惜荣誉、努力学习，在各自岗位上继续拼搏、再创佳绩，用你们的干劲、闯劲、钻劲鼓舞更多的人，激励广大劳动群众争做新时代的奋斗者。

我一直强调，劳动最光荣、劳动最崇高、劳动最伟大、劳动最美丽。全社会都应该尊敬劳动模范、弘扬劳模精神，让诚实劳动、勤勉工作蔚然成风。

值此“五一”国际劳动节之际，我向你们、向全国所有劳动模范、向全国广大劳动者，致以节日的问候。

习近平

2018 年 4 月 30 日

（资料来源：习近平给中国劳动关系学院劳模本科班学员的回信.新华网，2018）

三、工匠精神的科学内涵

工匠精神的科学内涵——爱岗敬业，精益求精，协作共进，追求卓越。新时代的工匠精神的基本内涵，主要包括爱岗敬业的职业精神、精益求精的品质精神、协作共进的团队精神、追求卓越的创新精神四个方面的内容。其中，爱岗敬业的职业精神是根本，精益求精的品质精神是核心，协作共进的团队精神是要义，追求卓越的创新精神是灵魂。

（一）爱岗敬业的职业精神

爱岗敬业，是爱岗和敬业的合称，二者互为表里、相辅相成。爱岗是敬业的基础，而敬业是爱岗的升华。具体来说，所谓“爱岗”，就是要干一行、爱一行，热爱本职工作，不能见异思迁，站在这山望那山高。所谓“敬业”，就是要钻一行、精一行，对待自己的工作，要勤勤恳恳，兢兢业业，一丝不苟，认真负责。凡是获得“工匠”和“劳模”荣誉称号的劳动者，都是爱岗敬业的典范，很多人都在本职岗位上工作了二三十年之久，干出了一番事业。所以，“工匠精神”最根本的内涵，就是爱岗敬业的职业精神。

（二）精益求精的品质精神

顾名思义，精益求精，是指一件产品或一种工作，本来做得很好了，但还不满足，还要做得更好，达到极致。精益求精的品质精神是工匠精神的核心，一个人之所以能够成为“工匠”，就在于他对自己产品品质的追求，只有进行时，没有完成时，永远在路上；他不惜花费大量的时间和精力，反复改进产品，努力把产品的品质从99%提升到99.9%，再提升到99.99%。对于“工匠”来说，产品的品质只有更好，没有最好。

（三）协作共进的团队精神

如果说爱岗敬业的职业精神、精益求精的品质精神是传统的工匠精神中本就具有的内涵，那么，协作共进的团队精神则主要体现于新时代的工匠精神中。因为和传统工匠不同，新时代工匠尤其是产业工人的生产方式已不再是手工作坊，而是大机器生产，他所承担的工作，只是众多工序中的一小部分。比如，“复兴号”列车，一列车厢就有3 700多道工序，这3 700多道工序，一个人是不可能完成的，必须由车间或班组即团队协作来完成（图3-2）。团队需要的是协作共进，而不是各自为战。因此，协作共进的团队精神是现代工匠精神的要义。所谓“协作”，就是团队成员的分工合作；所谓“共进”，就是团队成员的共同努力、共同进步。

图 3-2　复兴号动车组生产线

（四）追求卓越的创新精神

和协作共进的团队精神一样，追求卓越的创新精神也是新时代工匠精神的内涵之一，甚至是新时代工匠精神的灵魂。传统的工匠精神强调的是继承，祖传父、父传子、子传孙，是传统工匠传承的一种主要方式，而新时代的工匠精神强调的则是在继承基础上创新。因为只有在继承基础上创新，才能跟上时代前进的步伐，推动产品的升级换代，以满足社会发展和人们日益增长的对美好生活的需要。有无追求卓越的创新精神，是判断一个工人能否称为新时代“工匠”的一个重要标准。

拓展阅读

★★★★★

在新时代大力弘扬工匠精神

工匠精神是一种严谨认真、精益求精、追求完美、勇于创新的精神。党的十八大以来，习近平总书记多次强调要弘扬工匠精神。党的十九大报告提出“弘扬劳模精神和工匠精神”。党的十九届四中全会提出“弘扬科学精神和工匠精神”。在新时代大力弘扬工匠精神，对于推动经济高质量发展、实现“两个一百年”奋斗目标具有重要意义。

我国自古就有尊崇和弘扬工匠精神的优良传统，一些工艺水平在世界上长期处于领先地位。瓷器、丝绸、家具等精美制品和许多庞大壮观的工程建筑，都离不开劳动者精益求精的工匠精神。《诗经》中的“如切如磋，如琢如磨”，反映的就是古代工匠在切割、打磨、雕刻玉器等时精益求精、反复琢磨的工作态度。《庄子》中讲庖丁解牛游刃有余，“道也，进乎技矣”。可以说，我国古代非常注重工匠精神，形成了“尚巧工”的社会氛围。中华人民共和国成立以来，我们党在带领人民进行社会主义现代化建设的进程中，始终坚持弘扬工匠精神。无论是“两弹一星”、载人航天工程取得的辉煌成就，还是高铁、大飞机等的设计与制造，都离不开工匠精神，都展现出我们对工匠精神的继承与发扬。

一个国家、一个民族的发展，离不开各行各业劳动者的共同推动。社会对各种人才的评价会直接影响劳动者努力进取的方向。我国虽然有“尚巧工”的传统，但技能人才在传统社会一直得不到应有的重视。当前，社会上依然存在轻视职业教育、不重视技能人才的现象。2019 年 9 月，习近平总书记对我国选手在世界技能大赛上取得佳绩作出重要指示强调：“劳动者素质对一个国家、一个民族发展至关重要。技术工人队伍是支撑中国制造、中国创造的重要基础，对推动经济高质量发展具有重要作用。”“要在全社会弘扬精益求精的工匠精神，激励广大青年走技能成才、技能报国之路。”这就要求我们倡导尊崇工匠精神的社会风尚，为弘扬工匠精神营造良好社会氛围。弘扬工匠精神，还要形成相应体制机制。健全技能人才培养、使用、评价、激励制度，注意提高劳模和技能人才的政治待遇、经济待遇、社会待遇，为劳模和技能人才发挥作用搭建宽广舞台，使他们在经济上有保障、发展上有空间、社会上有地位。

（资料来源：陈昊武.新知新觉：在新时代大力弘扬工匠精神.人民网，2020.有改动）

四、劳动精神、劳模精神、工匠精神的关系

（一）劳模精神和劳动精神的关系

劳模精神和劳动精神是部分和整体的关系。从主体上看，劳模精神的主体是劳模群体，劳动精神的主体是所有劳动者，而劳模群体是广大劳动者群体中的佼佼者和杰出代表，也是广大劳动者学习的榜样和楷模。从这个意义上讲，劳模精神也是劳动精神的一部分。劳动精神是做一名合格的劳动者应该具备的精神，劳模精神则是成为劳模必须具备的精神。做劳动者不合格，做劳模更不可能。没有劳动精神，也很难有劳模精神。所以，劳动精神应该成为所有劳动者都必须具备的精神。劳模精神也是所有劳动者都应该学习的精神。二者同时存在方向和基础的关系。劳模精神是方向，劳动精神是基础。

案例分享

一名劳模的闪光足迹——记全国煤炭工业劳动模范韩利果

今年 31 岁的韩利果，来自河南省清丰县一个偏僻的农村。2005 年 3 月，在朋友的介绍下，他怀揣着改变自身命运的梦想，来到河南能源鹤煤公司二矿采煤一队当了一名协

议工。

身为农民的孩子，韩利果从小就有不怕吃苦、敢于争先的劲头和犟劲。老工人每班干10棚，作为新工人的他每班也干10棚，打柱、攉煤、移槽、放顶，一班下来累得腰酸腿疼，但他依然坚持了下来。上班第一个月，韩利果的工资一共1 500元，相当于他全家2个月的收入。2007年2月，韩利果由于踏实能干，被队里提拔为组长。当上“小官”的他依然工作在最困难的关键地段。4月的一个0点班，他当时在280工作面生产，那里顶板破碎、淋水大，韩利果和一个工人在下机头干活，虽然任务只有5棚，但面对如此困难的条件，即便衣服早已被汗水、淋水浸透，他们依然按质保量完成了任务。

2008年7月，韩利果当上了采煤班长，虽然职务变了，但他踏实能干的劲头始终没有改变。9月的一个4点班，在3204工作面采煤时，工作面中部冒顶15棚，长度近10米，大槽被牢牢压死，导致生产处于瘫痪状态。面对这种被动局面，韩利果一马当先，带领当班工人运料、运单体柱、尖钎，先维护好顶板，然后再攉煤。本班工人都下班走了，韩利果依然坚守在工作面，直到与下一班工人共同把冒顶处理好，才放心地离开工作面。

韩利果经常告诫自己：“我是一块砖，哪里需要哪里搬。我是一名党员，党叫干啥就干啥。”2015年11月，韩利果从二矿采煤一队调到三矿采煤二队当支架工，由于工作踏实，又吃苦耐劳，2个月后被直接提拔为班长。12月的一个4点班，当日采煤计划是1 200吨，当班完成1 800吨，创下小班日产最高纪录。2016年10月，在2303工作面生产时，当月韩利果班完成采煤3万多吨，创下小班月产最好成绩。2016年和2017年，韩利果班连续2年在3个生产班中成为安全最好、出煤最多、收入最高的班组。在韩利果的带领下，他所在的班组荣获全国“安康杯”竞赛优胜班组荣誉称号。

（资料来源：何九喜，许宏勋. 一名劳模的闪光足迹——记全国煤炭工业劳动模范韩利果. 当代矿工，2018. 有改动）

（二）劳模精神和工匠精神的关系

劳模精神和工匠精神是外力和内力的关系。劳模精神是所有劳动者都应该学习的精神，是影响和引领每一位劳动者从平凡走向不平凡的外力。劳模精神从外部影响每一位劳动者学先进、做先进。工匠精神则是每一位劳动者都应该具有的精神，是激发和激励每一位劳动者不断进行自我挑战和自我超越的内力。工匠精神从内部唤醒每一位劳动者不断成为最好的自己。劳模精神是超越别人的精神，因为劳模就是超越了很多劳动者脱颖而出的。工匠精神是超越自己的精神，世上最大的对手不是别人，而是自己。战胜了自己，就战胜了一切。工匠精神是让劳动者成为自己的“劳模”，劳模精神是让劳动者成为别人的“劳模”。做不成自己的“劳模”，也很难成为别人的“劳模”。工匠精神点亮了自己的生命，劳模精神则照亮了别人的生命。

案例分享

练就绝活的“高铁研磨大师”——大国工匠之钳工宁允展

出身工匠家庭的宁允展在父亲的熏陶下，自小就立志学当一名技工。如今他是高铁首席研磨师，国内第一位从事高铁列车转向架定位臂研磨的工人（图 3-3），被同行称为“鼻祖”。高铁研磨 10 年，经他手中的转向架从来没有出过次品，他发明的工装每年可为公司节约创效近 300 万元。

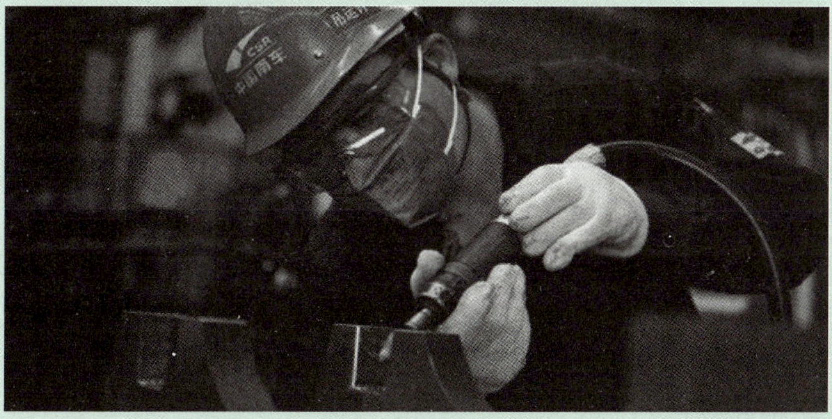

图 3-3　正在精心研磨定位臂的宁允展

1991 年，19 岁的宁允展从铁路技校毕业，进入当时的四方机车车辆厂，从事自己喜爱的车辆钳工工作，一干就是 25 年。2004 年，中车四方股份公司引进时速 200 千米的高速动车组项目。产品进入试制阶段，转向架上的定位臂成了困扰转向架制造的难题。如果把高铁列车比作一位长跑运动员，转向架就是它的“腿脚”，而定位臂作为转向架上构架与车轮之间的接触部位，相当于人的“脚踝”。高速动车组在运行时速达 200 多千米的情况下，定位臂的接触面要承受相当于二三十吨的冲击力，按照工艺要求，必须确保定位臂和轮对节点有 75%以上的接触面间隙小于 0.05 毫米，否则可能影响行车安全。

定位臂的接触面不足 10 平方厘米，手工研磨是保证接触面间隙精准的唯一可行方法。然而经过机器粗加工后，定位臂上留给人工研磨的空间只有 0.05 毫米左右，相当于一根细头发丝的直径。在国内并没有可供借鉴的成熟操作技术经验的情况下，宁允展主动请缨，挑战这项难度极高的研磨技术。扎实的基本功加上夜以继日的潜心琢磨，仅用了一周时间，宁允展便掌握了外方熟练工人需用数月才能掌握的技术，成为中国高铁转向架定位臂研磨第一人。

攻克技术难题，证明了中国制造的能力和实力，宁允展身上所体现出来的刻苦钻研、精益求精、坚韧不拔的品质和敬业奉献、执着追求、实事求是的精神，正是传统工匠精神的现实表达。正是因为有许许多多像宁允展一样的产业工人，才有一大批享誉全球的“中国制造”走出国门，领先世界。

（资料来源：唐对平，李文威. 练就绝活的“高铁研磨大师”——大国工匠之钳工宁允展. 职业，2018. 有改动）

（三）劳动精神和工匠精神的关系

劳动精神和工匠精神是共性和个性的关系。劳动精神是所有劳动者的共性，每一位劳动者都应该有劳动精神。工匠精神则揭示了不甘于平庸的劳动者的个性，是成就优秀劳动者的必要条件。个性不仅是产品和企业的核心竞争力，也是劳动者的核心竞争力。这里所说的劳动者的个性主要是指劳动者在自我超越过程中彰显出的个人优势及其精神状态，也就是工匠精神。换句话讲，没有工匠精神的劳动者很难有出色的成就和骄人的业绩。精益求精、追求极致是工匠精神的核心，也是成就杰出劳动者的根源。

按照马克思主义的基本观点，劳动创造了人本身。劳动精神是成为人的精神，工匠精神是成为更加优秀的人的精神，劳模精神则是成为影响别人的人的精神。成为人、成为更加优秀的人、成为影响别人的人，就是一种逐步递进的关系。党和国家现在大力呼吁弘扬劳动精神、劳模精神、工匠精神，目的就在于让每一个人都热爱劳动，成为自食其力的劳动者，更要成为优秀的劳动者，甚至成为广大劳动者群体中的佼佼者和大家学习的榜样。把我国建设成为富强民主文明和谐美丽的社会主义现代化强国，不仅需要大量的劳动者，更需要大量更加优秀的劳动者，乃至楷模式的劳动者。

第二节　劳动精神、劳模精神、工匠精神在新时代的价值

榜样的力量是无穷的，大力弘扬劳动精神、劳模精神、工匠精神，对培养德智体美劳全面发展的社会主义建设者和接班人，对全面建成小康社会、坚持和发展中国特色社会主义具有重要价值。

扫一扫 看一看

一、个体价值：实现当代青年自身价值的内在精神力量

（一）学生成长成才和全面发展的内在诉求

习近平总书记说，“中华民族伟大复兴，绝不是轻轻松松、敲锣打鼓就能实现的。全党必须准备付出更为艰巨、更为艰苦的努力”，“幸福不会从天而降，梦想不会自动成真”，“幸福都是奋斗出来的”，“世界上没有坐享其成的好事，要幸福就要奋斗”。当代青年作为我国社会主义建设者和接班人，是全面建成小康社会和实现中华民族伟大复兴的中坚力量，必须善于学习、

努力钻研、踏实苦干，在社会实践中练就真本领，掌握先进劳动技能，在劳动中实现人生价值、展现人生风采、感受幸福快乐。加强劳动意识的养成教育和劳动精神的培育，弘扬劳动精神、劳模精神、工匠精神，形成尊重劳动、辛勤劳动、热爱劳动的良好习惯，充分认识辛勤劳动、诚实劳动和创造性劳动对社会发展和个体成长的重要意义，通过劳动创造人生辉煌，让自身不断成长成才和实现全面发展。

案例分享

★★★★★

幸福都是奋斗出来的

史浩飞今年36岁，已经是国内石墨烯研究领域的领军人物之一。在他看来，科学研究的路并不好走，“但通过科研可以不断探索新的领域、突破技术难关，为社会和国家创造价值，这正是科研的乐趣所在”。

“还记得我们把石墨烯作为透明导电膜应用在电子屏幕上的那一刻，那种奋斗带来的快乐，就像一个艰难的游戏终于打通关。”史浩飞幽默地说。如今他正带领着一个由“80后”“90后”年轻人组成的科研团队“一起通关”。“这么多年轻人向着同一个目标一起奋斗，就感觉有无限精力和创造力，奋斗的过程让我们很享受。”史浩飞说。

奋斗，不仅让事业勇攀高峰，更带来个人能力的不断提升。

胡春霞今年38岁，10多年前，为减轻家中负担，她从农村到西安打工。“刚到大城市，两眼一抹黑，根本不知道自己该往哪儿走。”胡春霞说。她打工的酒店经常要接待外宾，这让只有技校学习经历的她“压力山大”。为了不被淘汰，胡春霞咬着牙学习，几年时间硬是学会讲一口流利的外语。胡春霞把现在的幸福生活归结于奋斗：“青年人无论做什么工作，一定要树立明确目标，踏踏实实干好工作，这样才能稳住根、站住脚，才能在奋斗中成就自我、贡献社会、收获幸福。”

“梦想和奋斗是青春最美的诗篇，青春的奋斗只有在远大的理想指引下才能走得远、走得坚定。”从关注网络游戏账号被盗现象，到思考账号密码的保护方法，再到研发出具有完全自主知识产权的身份认证系统，谈剑峰的创业之路充满了艰辛。“投身信息安全研发，把信息安全的核心技术掌握在中国人自己手中，这将是我终身为之奋斗的理想。”谈剑峰说，“青年创业者身处伟大新时代，身逢历史新机遇，应树立崇高的目标，肩负起国家民族的未来。这样奋斗才能有价值，青年才能无愧于这个新时代。”

（资料来源：幸福都是奋斗出来的.人民日报，2018.有改动）

（二）实现青年追求更美好生活的广泛需要

中国特色社会主义进入新时代，当代青年的需求日趋多样、与日俱增。“美好生活需要”是

"物质文化需要"的升级版，在内涵丰富与层次提升上都有了更高要求。越来越高、越来越广的期望是对更好的发展权利、发展机会、发展成果的合理需求。当代青年正处在人生最美好的青春时光，怀揣建功立业梦想，渴望成功成才，期待更好的生活。追逐美好生活正是新时代青年身上最大的共同点。长期以来，能有一份收入不错的工作，让家人有比较宽裕的生活，是每一位青年不懈奋斗中最基本的需求。如今，对美好生活的渴望与向往让他们滋生更多新期待。因而，在日益富足的生活条件下和人民需要的内涵与层次有了巨大发展情况下，劳动已经不仅是谋生手段，俨然变为青年人不可或缺的一种生活方式。同时，当代青年的社会情怀和内在诉求正在被唤起。新时代中国开创未来的成色，要靠不断燃起来的中国青年劳动激情和不断成熟起来的中国青年劳动技能来打磨。美好的未来，寄予青年人新期待。新时期，弘扬劳模精神，弘扬劳动精神，弘扬工匠精神，依靠劳模榜样引领，充分发挥青年的创造激情和才能，有助于青年精神境界的提升与完善，有助于个人理想和国家发展目标的顺利实现，并不断为美好生活赋予新时代意蕴和气息。

（三）满足青年向往更丰盈生命的发展要求

马克思指出：通过劳动而生产自己的生命。这说明，自由自觉的劳动是人类的本质及生命的展现方式。因而，青年不仅要靠劳动来获得报酬、维持生计，而且必须通过劳动来提高自我、发展自我、实现自我。换言之，劳动既是青年的谋生手段，也是他们生活的第一需要。青年正处于可以试错、崇尚探索与执着奋斗的年纪，也正处于绽放出理想之美、信仰之美和人性之美的人生最亮丽时期，应积极满足青年向往更丰盈生命的发展要求。唯有如此，方可激发青年发自内心的力量，让他们懂得劳动不仅仅是在为个人生存而苦苦奋斗，还是在为更好地实现自己梦想、实现自我价值而幸福奋斗。正所谓，一个人对社会的价值，首先取决于他对增进人类利益有多大作用。故此，唯有致力于实现个体人生价值，才能诠释劳动教育回归人的生命本真这一深远意义和时代际遇。新时期，弘扬劳模精神，弘扬劳动精神，弘扬工匠精神，就是培养个人的生活自理能力，从而在劳动中发现生活的美，在劳动中体验收获，感知收获的快乐，让劳动精神滋养生命成长，满足自我对更丰盈生命的发展向往。

拓展阅读

★★★★★

马克思：青年在选择职业时的考虑

每个人眼前都有一个目标，这个目标至少在他本人看来是伟大的，而且如果最深刻的信念，即内心深处的声音，认为这个目标是伟大的，那他实际上也是伟大的，因为神决不会使世人完全没有引导，神总是轻声而坚定地做启示。

但是，这声音很容易被淹没；我们认为是灵感的东西可能须臾而生，同样可能须臾而逝。也许，我们的幻想油然而生，我们的感情激动起来，我们的眼前浮想联翩，我们狂热地追求我们以为是神本身给我们指出的目标；但是，我们梦寐以求的东西很快就使我们厌恶——于是我们的整个存在也就毁灭了。

因此，我们应当认真考虑：所选择的职业是不是真正使我们受到鼓舞？我们的内心是不是同意？我们受到的鼓舞是不是一种迷误？我们认为是神的召唤的东西是不是一种自欺？但是，不找出鼓舞的来源本身，我们怎么能认清这些呢？

伟大的东西是光辉的，光辉则引起虚荣心，而虚荣心容易给人鼓舞或是一种我们觉得是鼓舞的东西；但是，被名利弄得鬼迷心窍的人，理智已无法支配他，于是他一头栽进那不可抗拒的欲念驱使他去的地方；他已经不再自己选择他在社会上的地位，而听任偶然机会和幻想去决定它。

我们的使命绝不是求得一个最足以炫耀的职业，因为它不是那种使我们长期从事而始终不会感到厌倦、始终不会松动、始终情绪低落的职业，相反，我们很快就会觉得，我们的愿望没有得到满足，我们理想没有实现，我们就将怨天尤人。

……

在选择职业时，我们应该遵循的主要指针是人类的幸福和我们自身的完美。不应认为，这两种利益是敌对的，互相冲突的，一种利益必须消灭另一种的；人类的天性本身就是这样的：人们只有为同时代人的完美、为他们的幸福而工作，才能使自己也达到完美。

如果一个人只为自己劳动，他也许能够成为著名的学者、大哲人、卓越诗人，然而他永远不能成为完美无疵的伟大人物。

历史承认那些为共同目标劳动因而自己变得高尚的人是伟大人物；经验告诉我们那些为大多数人带来幸福的人是最幸福的人；宗教本身也教诲我们，人人敬仰的理想人物，就曾为人类牺牲了自己——有谁敢否定这类教诲呢？

如果我们选择了最能为人类福利而劳动的职业，那么，重担就不能把我们压倒，因为这是为大家而献身；那时我们所感到的就不是可怜的、有限的、自私的乐趣，我们的幸福将属于千百万人，我们的事业将默默地、但是永恒发挥作用地存在下去，面对我们的骨灰，高尚的人们将洒下热泪。

卡尔·马克思写于 1835 年 8 月 12 日

（资料来源：马克思.马克思恩格斯论教育.北京：人民教育出版社，1986.有改动）

二、社会价值：契合弘扬尊重劳动的社会价值取向

（一）践行社会主义核心价值观的应有之义

社会主义核心价值观从个体层面提出了爱国、敬业、诚信、友善的要求，这说明社会主义核心价值观和劳动精神之间存在着内在的必然联系。社会主义核心价值观的践行和内化需要通

过劳动实践来实现。敬业是劳动精神的本质特征，丰富了劳动精神的内涵，是劳动的尊重、崇尚与热爱，敬业体现了劳动者对国家、对社会和对自己职业的高度责任感和使命感，劳动精神是社会主义核心价值观的重要体现。培育和践行社会主义核心价值观对加强青年学生劳动精神、劳模精神、工匠精神的培育，教育学生树立正确的劳动价值观，正确看待劳动的价值及对实现个人梦想和中国梦的意义，正确看待体力劳动和脑力劳动的关系，自觉矫正鄙视体力劳动、不劳而获、渴望少付出多回报的认识偏差，树立职业平等、劳动无贵贱的职业价值观具有重要现实意义（图 3-4）。此外，它有助于当代青年学生真正领悟劳动的艰辛和不易，积极参与学校组织的各类活动及各类社会实践，从而更加尊重劳动，珍惜劳动成果。

图 3-4　不一样的职业，同样的光荣

拓展阅读

★★★★★

劳动价值观与民族精神和时代精神

社会主义核心价值体系的第三个层次，是以爱国主义为核心的民族精神和以改革创新为核心的时代精神。劳动价值观是民族精神和时代精神的重要体现。

作为民族精神的核心，爱国主义不是抽象的，就其根本内容而言，爱祖国就是爱人民，特别是热爱作为社会主义祖国主体的劳动人民。劳动是劳动人民的本质属性，热爱劳动是劳动人民的第一品质。我们继承和发扬中华民族的优良传统，就要着力弘扬劳动人民的优良传统。以爱国主义为核心的团结统一、爱好和平、勤劳勇敢、自强不息的民族精神，从根本上来说，就是劳动人民作为主体所创造的。发扬民族精神离不开劳动价值观。

作为时代精神的核心，改革创新必须尊重实践、尊重群众、尊重规律、尊重劳动者的伟大创造。这是改革创新的不竭源泉。只有这样，才能不断推进解放思想，推进改革开放，推进中国特色社会主义伟大事业。“尊重劳动、尊重创造、尊重知识、尊重人才”，是伟大时代的必然要求。尊重劳动为“四个尊重”之首，是第一尊重，是最根本的尊重，是最重要的尊重。离开劳动价值观，就丧失了时代精神的灵魂。确立劳动价值观，就是从根本上弘扬民族精神和时代精神。

（资料来源：作者根据《文化学刊》2010年相关资料有改动）

（二）契合在社会中尊重劳动的价值取向

随着《大国工匠》的热播，“工匠”一词走进大众视线，工匠也被人们熟知。节目展现了那些大国工匠在他们各自岗位上做出的努力与贡献。蕴藏在他们背后的工匠精神是他们日常工作的写照，敬业、钻研、精益求精、创新体现在每一次打磨产品中。工匠精神是他们劳动的精神，劳动精神、劳模精神、工匠精神的弘扬与传承有助于促进全社会形成尊重技术、尊重劳动的价值取向。创新是工匠精神的内涵之一，和“大众创业、万众创新”的时代号召是一致的，工匠精神的弘扬也有利于营造尊重劳动、尊重创新的社会氛围。日本、德国、法国等国家中小企业的寿命较长，这其实与这些国家尊重劳动、尊重工匠的社会氛围是分不开的。工匠精神本质上不是在讲技术，而是在讲从事这个工作的人如何尊重这项工作。从自身角度来讲，工匠个人也应尊重自身的工作，认识工作的价值。现在的工匠主要是指产业工人，工匠精神是工匠自身劳动态度的体现，是工匠劳动价值的凝结，工匠精神的弘扬一定程度上纠正了轻视劳动的社会现象。同时，工匠精神要求工匠沉下心来，热爱自己的工作，享受工作的乐趣，对改善劳动者的浮躁功利心理也大有裨益。

案例分享

华为的工匠精神

华为（图3−5）自成立以来，其最基础、最根本、最核心的质量文化就是工匠精神的体现。华为创办初期，还没有工匠精神的提法，也没有建立现代质量管理制度，而华为的创始人任正非就已将产品的质量视为企业的底线。任正非曾经将不合格的电路板当作“奖品”发给团队成员，目的就是激发员工对没有严把质量关产生强烈的羞耻感。

图3−5 华为

2016年3月29日，华为荣获第二届“中国质量奖”，这是对华为长期坚持“以质量为生命”的肯定和褒奖。正因为华为拥有坚持工匠精神的执着，才成就了今天的华为。华为坚持“以客户为中心的华为质量管理模式”，坚决不允许任何有缺陷的产品流向市场。

在研发过程中，华为的某款手机在内部严苛的可靠性测试中，经历200次跌落后听筒出现了杂音，但这只是小概率事件。然而，华为测试部门死活不放行，坚决要求达标。为了解决这个问题，华为花费数百万元和大量的时间，最终找出了故障原因，解决了这一问题。

可以看出，华为对质量的重视。华为一直坚持以质量为生命、以品质代言，崇尚工匠精神。任正非就非常推崇工匠精神，他始终认为品质是产品的脸面，只有精工细作的产品才能树立品牌。在2015年12月20日，任正非向华为的高管们推荐了《日本工匠精神：一生专注做一事》的文章，并明确表明了他对工匠精神的态度。任正非认为，工匠精神是一种修行，更是一种品质、一种价值坚守；坚持工匠精神可能会很辛苦，依靠的是一种信仰和一种内心的信念，这个过程虽然有痛苦，但也是一种享受。任正非曾感叹说："时代在变，这个时代，企业只有把产品做到极致，才能赢得行业领先和消费者信赖。仅仅是过得去的产品是远远不够的，中国制造要走出去，归根结底还是要靠过硬的品质。"

（资料来源：作者根据《匠心智造》相关资料整理改写）

第三节　劳动精神、劳模精神、工匠精神在新时代的传承

一、价值引领：激发劳动精神的内生动力

扫一扫 看一看

（一）用中国梦激发劳动热情

人类生存求知的目标是为了发挥主体的能动性、实现自我价值、推动社会的进步发展。作为青年学生，除了实现自我发展的人生目标、探寻超越自我的价值追求、创造属于个体的幸福美好生活外，我们还应具备参与社会劳动奉献、勇于承担社会责任的精神。

第一，以个人奋斗的幸福梦激发对劳动的热爱。新时代青年学生期盼能够通过知识技能的学习和社会经验的积累来促进自我的发展，使自身获得更好的工作和更美好的生活，这些都是个体美好的生活愿景。但是要想达成理想，没有艰辛的努力付出，终究只能变成个人的空想。幸福的生活不是坐享其成、贪图享乐就可以实现的，必须通过个体的诚实守法劳动方可获得。

第二，中华民族伟大复兴的中国梦的实现，需要作为追梦者和圆梦人的每一个青年学生依靠自己的聪明才智和辛勤劳动来实现。新时代为当代青年提供了广阔的发展舞台，青年学生要以实现国家富强、民族振兴、人民幸福为己任，将自己的个人梦想与国家的前途、民族的命运紧密地结合起来，胸怀理想、志存高远，以勤学苦干、敢于创新的精神激励自己投身于中国特色社会主义伟大实践。

拓展阅读

中国梦是我们这一代的，更是青年一代的

青年兴则国家兴，青年强则国家强。青年一代有理想、有本领、有担当，国家就有前途，民族就有希望。中国梦是历史的、现实的，也是未来的；是我们这一代的，更是青年一代的。中华民族伟大复兴的中国梦终将在一代代青年的接力奋斗中变为现实。全党要关心和爱护青年，为他们实现人生出彩搭建舞台。广大青年要坚定理想信念，志存高远，脚踏实地，勇做时代的弄潮儿，在实现中国梦的生动实践中放飞青春梦想，在为人民利益的不懈奋斗中书写人生华章！

（资料来源：党的十九大报告）

（二）用劳动认知砥砺劳动自觉

劳动精神培育的前提是对劳动的科学认知。认知是个体行动的指南，科学理性的劳动认知是实现劳动自觉的先导。劳动自觉是指个体对劳动的自我发现和觉察，在掌握基本劳动技能的基础上所形成的对劳动价值和劳动意义的认识，并把这种认识作为一种个体存在和维持、历史发展和推动的个人使命的信仰。只有充分认识到劳动的价值和意义，才能为了信仰而劳动，产生劳动自觉，这种劳动信仰就是培养我们自身劳动精神的原动力。其基本要求是要形成崇尚劳动、热爱劳动、尊重劳动者，以辛勤劳动为荣、以好逸恶劳为耻的科学认知，并将科学认知转化为劳动信仰的劳动自觉，体现人生价值和社会价值的统一，使个体在追求个人目标实现的同时，能对社会发展和进步起到推动作用，并最终实现人生的价值和意义。

拓展阅读

人生的自我价值与社会价值

人生的自我价值和社会价值，既相互区别，又密切联系、相互依存，共同构成人生价值的矛盾统一体。人总是生活在社会之中的，离开了社会的个体就无法生存和发展；社会是由众多个体构成的有机体，离开了个体的社会是不可思议的。一方面，人生的自我价值是个体生存和发展的必要条件，人生自我价值的实现是个体为社会创造更大价值的前提。个体的活动不仅具有满足自我需要的价值属性，还必然地包含着满足社会需要的价值属性。个体通过努力提高自我价值的过程，也是其创造社会价值的过程。另一方面，人生的社会价值是社会存在和发展的必然要求，人生社会价值的实现是个体自我完善、全面发展的保障。没有社会价值，人生的自我价值就无法存在。人是社会的人，这不仅意味着个体物质

和精神的需要必须在社会中才能得到满足，还意味着以怎样的方式和在多大程度上得到满足也是由社会决定的。在社会主义社会，一个人的需要能不能从社会中得到满足、在多大程度上得到满足，取决于他的人生活动对社会和他人的贡献，即他的社会价值。

（资料来源：本书编写组.思想道德修养与法律基础.北京：高等教育出版社，2018.有改动）

（三）用劳动精神引导劳动实践

当前，浮躁功利的心态占据了部分青年群体的内心世界，他们认为急功近利、投机取巧、靠关系、走捷径的方式可以快速获得人生的成功。例如，有的学生将自身的懒散、堕落归结于缺乏家庭背景的支持，还有学生为了牟利，不惜触碰道德和法律的底线，走上违法犯罪的道路。这些错误的想法和行径实际上和错误的劳动观念存在着密切的联系，不想参与劳动、不愿付出努力、不认识劳动意义、不尊重劳动者的付出、不珍惜劳动成果，成为学生劳动精神缺乏的集中体现。我们要以科学的劳动精神引导学生参与劳动。首先，充分认识劳动对自身成长的重要意义，勇于参与劳动实践，尊重诚实守法劳动者的一切努力和付出，珍惜自己和他人的劳动成果。其次，要抵制急功近利、崇尚暴富的错误观念，培育常态化的奋斗精神，与自身存在的惰性思想做斗争。坚决摒弃不劳而获的想法，不沉迷于徒有虚名、唯利是图的“伪奋斗”，保持求真务实、奋发有为的精神风貌。最后，我们要努力学有所长、学有所专，利用自己学习获得的知识技能来提高劳动的创造性和含金量。

案例分享

★★★★★

劳动精神铸就时代英雄黄大发

黄大发，贵州遵义播州区平正仡佬族乡草王坝村原党支部书记，今年 82 岁。他用 36 年的时间只干了一件事——修水渠，最终让全村人喝上了水。

这是一位不折不扣的劳动者。千百年来，这里的人祖祖辈辈喝不上水，全村人喝水只能靠一口井。黄大发不信命运的安排，刚一上任村支书就立誓修水渠，想把几公里之外野彪村的水引到村里。由于不懂技术，修修补补了十几年，水就是引不进来，草王坝人喝水的梦在这十几年的时间里被反复拉扯，还是遭遇了失败。

第一次修渠失败后，不甘心的黄大发决定学习水利技术。1989 年，枫香区水利站迎来了 54 岁的黄大发。3 年的时间，他从零起步、从头开始，掌握了许多修渠的知识，知晓了什么是分流渠、什么是导洪沟，还学会了开凿技术。1995 年端午，草王坝人世世代代的梦想终于实现了。这条主渠长 7 200 米、支渠长 2 200 米，绕三重大山、过三道绝壁、穿三道险崖的水渠终于竣工了。村民们给水渠起了一个亲切的名字——大发渠。那一天是草王坝人特别高兴的一天，兴奋的黄大发哭得像个孩子。

黄大发（图 3-6）是一名普通劳动者，也是一名农村党员，他用自己的双手带动千百双手，以一颗心换取千百颗心，最终让全村人喝上了水、吃上了白米饭，有了一条光明的路。苦战 36 年，这是一位“年份英雄”，而“年份精神”恰恰是劳动者应当具备的精神。在当今有些浮躁的社会环境中，有时候连谈论理想都会遭人嘲笑，更别说初心不改地坚持做一件事情。初心不改，简简单单的 4 个字谈何容易？何况是 36 年的时间。而正是对这 4 个字的坚持，才让黄大发战胜了各种困难。黄大发的背后，是全中国数以亿计的劳动者。他们分布在全国的各个岗位，为生活拼搏，为社会建设添砖加瓦。

图 3-6　黄大发雕塑

（资料来源：时代楷模黄大发——劳动精神铸就时代英雄.人民日报，2017.有改动）

二、榜样带动：彰显劳模精神的榜样力量

榜样的力量是无穷的，榜样教育具有示范、激励、导向、调整、自律和矫正等多种功能。作为培养新时代劳动者大军的主渠道、主阵地，学校在传播知识和科研创新的同时，必须把劳模精神融入其中，激发学生劳动热情，涵养奉献情怀，增强集体意识。

（一）劳模精神激发劳动意识

习近平总书记一直强调“劳动最光荣、劳动最崇高、劳动最伟大、劳动最美丽”。大学教育更应该尊敬劳动模范、弘扬劳模精神，让诚实劳动、勤勉工作蔚然成风。新时代的青年学生处于“两个一百年”的历史交汇期，尤其是新千年出生的“00 后”学生，物质生活得到极大改善，但其中相当一部分学生自立意识不强，抗压能力较弱。高校弘扬和培育劳模精神，就是要借助劳模的光辉事迹，感染、启发和带动更多青年学生热爱劳动，提高劳动能力，养成劳动习惯，形成吃苦耐劳的劳动精神，更好适应以后的工作岗位。

案例分享

东风精神传承者陈兰颖

陈兰颖，1995 年参加邮政工作，中共党员，现任北京东四邮电局值班局长。从事邮政行业 17 年来，她一直勤奋钻研邮政业务，担任东四邮电局值班局长后，在自己的工作岗位上不断总结创新服务理念和服务方法，在平凡琐碎的工作中体现价值。

陈兰颖同志立足岗位，崇尚学习，不断提高工作技能。她克服孩子小和老人卧病在床需要照顾等诸多家庭困难，自修完成了电子商务大专课程，又攻读艺术和管理两个学科领域的本科课程。她不仅力求常规业务技能过硬，而且特别注意带头学习网络、现代通信等高科技知识，及时掌握网汇通、电子商务等层出不穷的新业务，满足用户新需求；为自如地服务外宾用户，她积极参加英语学习，提高英语对话能力；为服务好特殊用户，她专门向聋哑学校的老师学习标准手语，经过勤学苦练，通过了标准手语国家认证，取得了手语翻译员职业资格证书，成为北京邮政系统获此认证的第一人。她还根据所学，编写出北京邮政第一本《邮政实用手语教材》，担任支局手语教员，带动所有窗口营业员学、用手语。

在工作实践中，她注意从一点一滴做起，从每一个细小的环节入手，不断积累、潜心研究，逐渐形成了自己的特色服务方法——“五心”服务法。“五心”即精心研究、细心观察、诚心尊重、耐心倾听、真心帮助。作为东四邮电局的值班局长，不仅自己服务要好，还要带动好、管理好全体员工共同擦亮亲情服务品牌。她根据服务一线的管理经验，借鉴业内外的先进做法，参与制定了《东四邮电局服务礼仪规范》和《东四邮电局服务管理细则》，并以身作则贯彻实施，充分发挥了示范引导作用。

作为年轻党员，陈兰颖政治觉悟高、理论素质强。在实际工作中，她严格按照党员先进性的具体要求，通过实践途径激励自己。她还积极参与志愿服务工作，2008 年被评为北京市奥运会、残奥会优秀志愿者。

（资料来源：作者根据中国邮政网 2019 年相关资料整理改写）

（二）劳模精神涵养奉献情怀

劳动和奉献是相互连结、不可分割的。劳动是奉献的基础，没有劳动，奉献就无从谈起；奉献是劳动的升华，为劳动增添价值。从人类历史高度来看，我们今天做的每一项工作，都是自觉或不自觉地为后人在努力创造着，尽管我们有生之年或许享受不到这些成果，这样看来，人就是为了奉献而存在。劳模精神突破了自给自足的狭隘劳动观念，着重强调奉献社会的人生追求，充分发挥个人智慧与才干，通过劳动创造为人民服务、为民族振兴服务，才能完全体现出一个劳动者的人生价值。立德树人就是要摒弃小我的功利劳动观，培育大我的奉献精神，把为祖国和人民做奉献作为人生追求，补齐个人成长的短板，塑造健康人格。

案例分享

★★★★★

心怀大爱的基层奋进者何健忠

他是一名基层邮政网点的支队长，30 多年来坚守岗位学雷锋，义务帮助群众超过 5 万人次，是当地家喻户晓的“活雷锋”和“服务明星”。当选全国人大代表后，他这股子无私、聪慧、坚韧、执着的劲头又充分展现在人大代表履职中。他就是来自革命老区江苏省泰兴市的全国人大代表何健忠。

作为一名来自邮政系统的全国人大代表，何健忠一边尽心在本职岗位发挥模范带头作用，一边思考提出更好发挥邮政公共服务平台作用的相关建议。在何健忠的积极建议下，“检察蓝”与“邮政绿”成功实现深度融合，建立了“反腐廉盟”。据介绍，2013 年 12 月，泰兴市人民检察院联合当地邮政局成立全国首个“预防职务犯罪志愿者邮路宣讲队”，“预防邮路”也应运而生。宣讲队将预防职务犯罪工作与邮政服务有机融合，借助覆盖城乡的邮政网络，开展形式多样的预防职务犯罪宣传。之后，“预防邮路”从泰兴走向全省、全国。“预防邮路”三次被写入最高检工作报告。

在就任支局长前，何健忠做了 14 年的投递员，他对邮政的爱早已融入血液，成为生命的一部分。何健忠到江平路支局上任不久，就在自己的名片上印了这样一句话：只要您呼“6838”，剩下的事由我来办。从此，何健忠帮老百姓做过各种各样的事：交电话费、灌煤气、送临产孕妇、调解邻里纠纷等。之后，虽然名片上的寻呼机号码“6838”更新成了何健忠的手机号码，但何健忠对老百姓有求必应的服务延续下来。泰兴人总把何健忠的手机号码和“110”“120”等同起来。“有困难找何健忠”已成为泰兴很多干部、群众的口头禅。

今年已 60 岁的何健忠仍坚守在支局一线。他不仅发挥先锋模范作用、积极传帮带，还接待来访群众、进行走访调研、义务宣讲、为民建言。何健忠在全国人大代表履职中发出来自基层的“最美好声音”，尽代表之力护佑百姓幸福生活。

（资料来源：何建忠：履职路上奋力奔跑的“邮政绿”.人民网，2019.有改动）

（三）劳模精神增强集体意识

马克思指出教育与生产劳动相结合不仅是提高社会生产的一种方法，而且是造就人全面发展的唯一方法。现代社会分工细化，人的相互联系日趋紧密，依赖程度逐步加深，社会发展呼唤集体意识。但在理论学习和实践之中，怎样将集体意识落实为个体的实践行为，把集体潜意识自发提升为团队协作的正能量，凝聚成长发展合力，是立德树人工作面临的一项重要问题。

劳模精神在任何时候都表现出了鲜明的集体主义倾向，在具体的劳动实践过程中推动集体和个人共同发展，将指引青年学生将个人的价值追求自觉融入中华民族伟大复兴的中国梦。

案例分享

在“指甲盖”上造出大国重器

——记“中国青年五四奖章集体”天津飞腾嵌入式CPU芯片研发团队

芯片也称集成电路，集成了几千万乃至上亿个晶体管，其中每根导线相当于人体头发丝的三千分之一。在信息时代，这小小的芯片被喻为“现代工业的粮食”。小到计算机、手机，大到汽车、地铁、高铁等，没有集成电路产业支撑，整个信息社会就会失去根基。而芯片国产化是前进路上绕不过的一座高峰。

中国每年制造数以亿计的电子产品，可长期以来却被指甲盖大小的芯片“扼住咽喉”。据统计，中国每年进口芯片的费用甚至超过进口石油。

那是一方神奇的天地：上亿个晶体管和数公里长的导线汇集于方寸之间，这意味着芯片的设计建造者需要拿出巧夺天工的本事。如此集人类超精细加工技术之大成的高端制造能力，一直是全球高科技国力较量的焦点。芯片是名副其实的大国重器。

近年来，为了解决高端芯片领域的“缺芯之痛”，中国研究者奋力追赶。2020年，天津飞腾嵌入式CPU芯片（图3-7）研发团队被授予“中国青年五四奖章集体”称号。这些平均年龄32岁的年轻人在关键核心技术领域取得一系列突破性进展，成为国产CPU芯片研发的主力军。

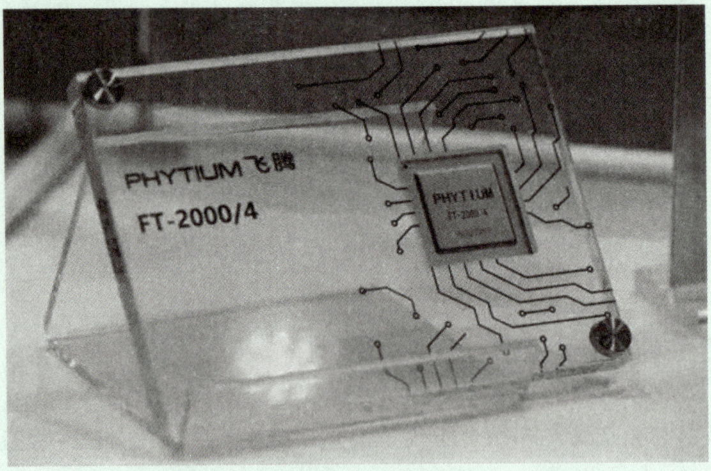

图3-7 天津飞腾嵌入式CPU芯片

改革开放40多年来，我国在信息科技领域奋力追赶，但一些尖端技术仍面临着受制于人的局面。高端芯片，特别是高端处理器芯片则是信息技术领域最核心的部分。

“拥有核心技术的某些国家非但不会与我们合作，反而会通过各种技术封锁手段限制我国相关技术的发展。”该团队研发部副总监马卓介绍，这支团队组建于20世纪末国外对我国进行芯片封锁与禁运之时，历史的重任压在了这支队伍的第一代年轻人身上。

当时没有任何技术资料，也没有计算机辅助软件支持。上百名工程技术人员拿出蚂蚁啃骨头的精神，从一个个的晶体管开始，历时数百个昼夜，终于圆满完成了紧急部署任务。

高端处理器芯片的研发是一项非常复杂的系统工程，不仅需要一流的技术，系统科学的研发管理能力同样起到决定性作用。该团队的年轻人成长了一代又一代，既埋头苦干、敢打敢拼，又留心吸取先进的产品研发管理流程经验，努力学习现代化管理技术。经过十几年如一日的艰苦攻关，团队的设计能力从0.35微米提升至16纳米，芯片迭代速度从最初的四五年推出一款到现在的一年半推出一款，陆续研制成功4代10余款高端CPU芯片，相关产品覆盖信息技术领域中从端到云的各个角落。“在国产CPU研发领域，别人用几十年走完的路，我们只用了十几年。”马卓说。

今年初，该团队参与完成的飞腾CPU获得2019年度国家科学技术进步奖一等奖，这也是高端芯片领域的首个国家科学技术进步奖一等奖。

（资料来源：在“指甲盖”上造出大国重器——记“中国青年五四奖章集体”天津飞腾嵌入式CPU芯片研发团队.中国青年报，2020.有改动）

三、实践养成：磨砺工匠精神的必备素质

新时代青年要想成为现代工匠，首先要具备工匠精神，并以工匠精神为驱动，去改进日常的行为，日积月累，才能实现成长和蜕变。工匠精神主要包括以下六大要素。

（一）热爱

有学者这样描述工匠的最高境界：工匠的最高境界是游戏，用一种喜悦的方式来欣赏自己的努力；工匠精神不要内含牺牲和痛苦，而是满含快乐。对某项事物或工作的热爱，有的是天然的，有的是后天培养的。干一行、爱一行、钻一行、精一行，认真负责地做好每项工作，是优秀工匠的共同品质。

案例分享

★★★★★

“海河工匠”李家琦：精雕细琢“海鸥心”

中国钟表大师、全国劳动模范、全国技术能手、十大“津门工匠”、天津海鸥表业集团高级技师李家琦30多年来始终坚守匠心、精益求精，为海鸥手表精雕细琢创造出一枚枚

精密机芯，也用奋斗书写出一段精彩人生。

18 岁来到天津手表厂，开启了李家琦从一名普通工人走向优秀工匠的序幕。多年来，他先后从事手表机芯组装调试和手表零件制造工作，利用数控设备实现了碾花工序与瑞士标准的接轨，大幅提升了国产腕表外观档次。2003 年，李家琦作为技术带头人，开发出了国内手表行业第一只真正意义上的镂空表，从造型设计，编程、设备调试，样件试制、手工打磨，直到最后的机芯组装，全都亲力亲为，实现了当年开发、当年完成、当年上市的“海鸥速度”。这款表以通透的视觉效果、精细的手工打磨，深受市场青睐，机芯面世至今，年均订货量都在几十万只。每当听到自己设计的产品被客户订购时，李家琦总是格外高兴，“这两天刚得知，我们为烟台分公司新设计的镂空表今年销量继续走高，订单量已经达到了 13 万只，这是对设计师最大的肯定。”

多年来，李家琦参加了近百种海鸥手表的机芯精饰及雕花镂空的主设计和样机制作，现在已拥有包括实用新型在内的国家授权专利 120 项，创造了多项国内第一。“设计工作没有在八小时工作时间之内完成的，创意灵感总是来自生活。”如今，李家琦已经把工作和生活完全融为了一体，业余时他会用手机拍下每一个他认为有价值的图案，用笔记录每一个灵感的瞬间，上班后再用计算机制图逐一刻画，一幅设计图稿画上几百遍是常事。“文化内涵是产品的灵魂。海鸥品牌不仅仅是质量的保证，也是人们民族感情的寄托。在新时代老品牌要生存，就要与时俱进、创新发展。作为钟表工匠不仅要工作严谨专注，还应该具备创新能力，从产品的设计层面、从加工的工艺层面不断突破，让每一款腕表都具有独特的创新点，具备持续的生命力。”

（资料来源：“海河工匠”李家琦　精雕细琢“海鸥心”.人民网，2019.有改动）

（二）专注

专注就是精力和注意力集中在特定的领域，它的对立面是精力和注意力的分散。只有专注和持久地耕作于某一领域，才能有常人不及的成就。但专注不是盯住一处不放、死钻牛角尖的呆板，也不是驻足不前的保守。它强调的是一种集中的状态，并且长时间的关注。它并不否定适应性的变化与调整。事实上，一个优秀的工匠一定是与时俱进的，甚至是引领潮流的。

案例分享

★★★★★

钢管里绣花的“金绣娘”

全国五一劳动奖章获得者、中国石油渤海装备公司第一位全国劳动模范黄玉梅多年来扎根潜油电泵厂下线班组，练就了一身“盲眼绣花”的本领，被人们称为钢管里绣花的“金绣娘”。

在无尘作业车间，大约碗口粗的6米长钢管，安稳地架置在半米高的转运车上。铜线经黄玉梅的手，在钢管里呈回形穿梭。钢管端口内侧分布着一圈同筷子般粗细的孔槽，一根几百米长、直径两三毫米的铜线就是从这些孔槽穿进去，然后从另一端穿出来，再穿回去……循环往复。穿铜线到底有多难？黄玉梅说："像盲人在钢管里绣花。"其实，当铜线进入钢管那一刻，便只能看到远端的一点白光，剩下的只能凭手感。捋直溜、看准位、送进去、拽出来……这一系列简单又枯燥的动作，黄玉梅一天重复几百次。从23岁到47岁，她重复了24年。现在铜线一到她手中，就仿佛有了生命，在狭小的孔槽内自如穿行，而她的眼睛像有透视功能，能"看到"铜线的前进位置。当黄玉梅摘下手套时，露出的却是一双满是老茧和伤口的手。

下线，是工业制造领域少有的几个无法用机器代替的工种之一。在潜油电泵生产过程中，下线环节稍有差池，就可能让整个潜油电泵停摆。20多年来，黄玉梅带领"女子下线班"手工生产了9 000多套潜油电泵，占据国内电泵市场近40%的份额，而且每一次交检合格率始终保持在100%，保持了安全事故为零的纪录。

（资料来源：走近天津十大工匠　钢管绣花"金绣娘".天津日报，2016.有改动）

（三）创新

创新或创造是优秀工匠的特质。唯有创造性的劳动才能突破现有的难题，创造出新的效率和新的品质。作为现代工匠，在日新月异的环境中，创新的精神必不可少，要在传承的基础上突破既往，在新环境、新条件下开创新的成就。

案例分享

"抓斗大王"包起帆一路创新而来

上海港务局的包起帆是一名从装卸工人成长起来的创新大王、教授级高级工程师。他开发的140多种新型抓斗，多次在日内瓦、布鲁塞尔等国际发明展览会上获得金奖和银奖。他个人也被誉为"抓斗大王"，被英、美两国国际传记中心分别列入《国际知识分子名人录》。包起帆勤奋刻苦的学习精神、超强的动手能力，以及心中那种强烈的改变现状的愿望——用机械代替人力、让工人摆脱危机重重的工作环境，帮助他一步一个脚印地实现着自己的"抓斗梦"。借助从学校和书本上获得的知识，包起帆身心都沉浸在一个个设想、一个个技术问题的解决上，他常常不分昼夜地工作在码头现场和实验室。在他的手中，一个个形状各异但功能相同的装卸抓斗诞生了，"木柴抓斗""单索生铁抓斗""异步启闭废钢块料抓斗"等装卸机械创造性地解决了一批关键技术难题，改变了我国港口木材、生铁、废钢等货物装卸工艺的落后状况。

1996 年，包起帆提出建设中国港口内贸标准集装箱水运工艺系统，并提议开通了中国第一条内贸标准集装箱航线。2003 年，他设计了我国首座集装箱自动化无人堆场。2006 年，他主持研制了世界上首台全自动桥式抓斗卸船机、全自动散货装船机和我国首台全自动散货斗轮堆取料机，成功建成了散货码头作业自动化系统。

（资料来源："抓斗大王"包起帆：靠创新"解放"码头工人. 中国新闻网，2019. 有改动）

（四）卓越

卓越的本意是超出一般的、杰出的、非凡的。与追求卓越对立的是"差不多""凑合"的态度。优秀工匠都会竭尽全力追求卓越、创造不凡。匠人会以追求卓越为目标，无论是在技艺上、产品上，还是在服务上，都要独树一帜，艺压群芳。卓越是匠人们的追求，也是匠人们的品位。

案例分享

★★★★★

徐立平：给火药进行微整形

大国工匠徐立平是中国航天科技集团公司的一名高级技师，自 1987 年入厂以来，一直为导弹固体燃料发动机的火药进行微整形。火药整形在全世界都是一个难题，目前依然无法完全用机器代替。而手工作业面临的危险和作业难度可想而知，稍有不慎蹭出火花就会引起燃烧爆炸。下刀的力道，要靠工人自己判断，而药面精度直接决定导弹的精准射程。0.5 毫米是固体发动机药面精度允许的最大误差。徐立平则将这个数字缩小到不超过 0.2 毫米。

为了杜绝安全隐患，徐立平自己设计发明了 20 多种药面整形刀具，其中一种刀具被单位命名为"立平刀"，两种刀具获得国家专利。由于长年保持一个姿势雕刻火药，徐立平的身体变得向一边倾斜，火药中毒也令他的头发掉了大半。同时进厂的工友们都已离开这个危险岗位，只有他一直坚守，并且一丝不苟对待每一项任务（图 3-8）。有人问他为什么，他说："危险的岗位总得有人去干哪！"

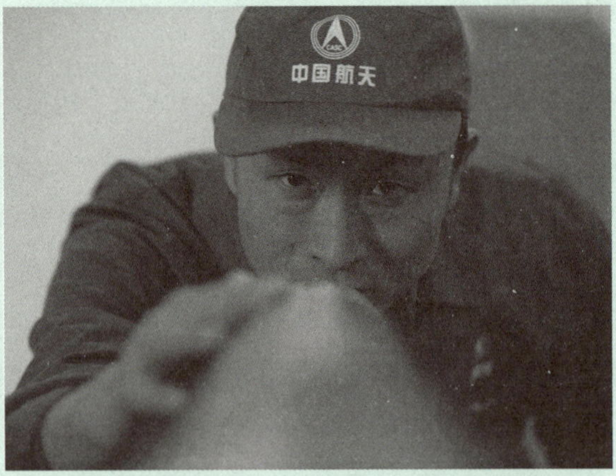

图 3-8　徐立平用眼睛观察整形后产品的平整度

（资料来源：作者根据 2017 年 3 月 27 日《焦点访谈》相关资料整理改写）

（五）极致

极致是一种状态，更是一种追求。追求极致，就是追求永无止境的提升。精益求精，好上加好，在细节上下功夫，是对“极致”的另一种通俗解释，这是工匠精神的基本精髓所在。为了达到极致，就不能给自己留任何一丝借口、一点余力，完全倾情投入，直到无可挑剔。追求极致是杰出工匠的与众不同之处。极致的精神成就优秀的匠人，极致的精神也成就卓越的企业。

案例分享

★★★★★

郭锐：心怀“工匠精神” 做好“带徒传技”

郭锐（图 3-9）从事动车组转向架装配 15 年，他常常感到越熟识越敬畏。动车组齿轮箱小轴的轴向游隙测量，一直是生产线上的难题，按工艺标准，游隙调整空间只有 0.02 毫米。

图 3-9 生产线上的郭锐

之前他发明了一种游隙测量工装，现在他想再精进一步，从“器”到“法”，研究一套更先进的操作方法。通过前期优化省力和定位装置、升级操作工艺、试验验证，这项攻关目前已进入正式论证阶段，推广以后，有望帮助“复兴号”转向架的装配品质更上一层楼。让更多中国品牌成为世界品牌，一支心怀工匠精神的高技能人才队伍必不可少。因此，除了技能攻关，他还积极进行“带徒传技”工作。

2019 年底，以其名字命名的“郭锐技能大师工作室”，正式成为国家级技能大师工作室。在这里，他和企业技能人才努力推进技能攻关、制造难题攻关、专利发明等工作。现在，工作室已汇集转向架制造领域 347 名高技能人才，至今已有 28 人成长为技师、高级技师。复工以来，他和团队骨干开设了“工匠云课堂”，线上讲授专业技能课程。现在，他所在的中车青岛四方机车车辆股份有限公司已经实现 100% 达产，“复兴号”动车组也陆续正常交付。他相信，这支敢打善拼的高铁队伍，一定能让更多的“复兴号”奔驰在更广袤的大地上。

（资料来源：中车青岛四方机车车辆股份有限公司钳工首席技师郭锐代表：心怀“工匠精神” 做好“带徒传技”. 光明日报，2020.有改动）

（六）担当

担当就是勇于承担责任，这里有对企业的责任、对公众的责任，也有对社会的责任，简而言之就是有“职业操守”。工匠从来都是社会的工匠，只有得到组织和社会的认可，服务于组织和社会发展的需要，他的技艺才华才有真正的价值。

案例分享

“大国工匠”胡双钱的担当

胡双钱，上海飞机制造有限公司高级技师，数控机床加工车间钳工组组长，也被人尊称为“航空手艺人”。在35年的从业生涯中，他加工的数十万个零部件没有一个次品。55岁的他依然沉静：“学技术是其次，学做人是首位，干活要凭良心。”

核准、画线，锯掉多余的部分，拿起气动钻头依线点导孔，握着锉刀将零件的锐边倒圆、去毛刺、打光……胡双钱每天都在做同样的动作，枯燥却十分重要。“我们的工作事关别人的生命，精益求精是必须的。”强烈的责任意识让胡双钱形成了严谨的工作作风：工作前，先看懂图纸，了解工艺规范；接受零件时，先检查上道工序是否有不当之处，确定以后再加工。他在工作中严守“慢一点、稳一点、精一点、准一点”，始终带着感恩、责任和思考做工作，最大限度避免了质量偏差。

退休的日子越来越近，胡双钱正不遗余力地将成熟经验和精湛技艺传授给青年工人，耐心、细心、用心地培养着年轻的接班人。

（资料来源：“大国工匠”胡双钱的担当.中国文明网，2015.有改动）

课后思考

1. 如何理解劳动精神？
2. 如何理解劳模精神？
3. 如何理解工匠精神？
4. 阅读以下材料并回答问题。

2015年五一劳动节开始，中央电视台推出八集系列节目《大国工匠》，讲述了8个工匠“八双劳动的手”所缔造的“神话”。节目播出之后，很快引起社会热议，在不到10天的时间里，相关话题的微博阅读量就超过了 3 560 万次。人们发现，走入镜头的工匠们，他们文化不同，年龄有别，但拥有一个共同的闪光点——立足于本职工作，敬业奉献，数十年如一日地追求着职业技能的极致化，靠着传承和钻研，凭着专注和坚守，创造了一个又一个“中国制造”的奇迹。2016 年，工匠精神第一次写入政府工作报告。

工匠精神是一种职业精神，工匠们对所从事的事业的爱心和忠心，令人高山仰止。中国航天科技集团一院火箭总装厂高级技师高凤林，36 年一直从事火箭的“心脏”——发动机焊接工作，以国为重、扎根一线，是发动机焊接第一人，面对很多企业的高薪聘请不为所动，他说：“每每看到自己生产的发动机把卫星送到太空，就有一种成功后的自豪感，这种自豪感用金钱买不到。”这也代表了大国工匠们的心声。

工匠精神是一种工作态度，在工匠们的心目中，制作出来的产品没有最好，只有更好。高凤林在 36 年的工作中，攻克了 200 多项技术难关，经他的手焊接了 140 多个火箭的发动机，焊接的焊缝总长度达到 12 万多米，没有出现过一次质量问题。他先后获得过航天总公司科技进步一等奖、国家科技进步二等奖、2014 年度伦敦国际发明展览会金奖等 30 多种奖励，而这没有一丝不苟的工作态度显然是无法做到的。

随着时代的发展，工匠的工作或许会逐渐被机器所取代，但是工匠精神却不可能被代替。我国作为一个拥有四大发明的文明古国，具有历史悠久而技艺高超的手工业，薪火相传的能工巧匠们留下了数不胜数的传世佳作。我们今天弘扬工匠精神不是对传统工匠技艺的留念，而是对一切职业的道德呼唤。工匠精神不仅仅是制造业的需要，也不仅仅是企业家的需要，它代表一个时代的气质，是我们每一个人的事业追求与人生态度。

（摘编自 2016 年 4 月 22 日《中国青年报》）

问题：

（1）工匠精神的实质是什么？

（2）为什么说弘扬工匠精神是“对一切职业的道德呼唤”？

第四章

劳动实践 从校园做起

知识导航

- 熟悉低碳校园生活的内容，培养低碳校园生活意识
- 熟悉垃圾分类的标准，树立垃圾分类理念
- 了解勤工助学的意义和岗位设置，并能够根据实际情况积极参与勤工助学劳动
- 掌握志愿服务的基础知识及技能，并能够区分不同类型的志愿服务，积极投身实践
- 掌握实习实训的模式及选择途径，并能够积极投身于实习实训，做到理论与实践相结合

提升认知

第一节　低碳校园生活

扫一扫 看一看

随着全球气候的不断变化，可持续发展观念在国人心中不断加深，国内外各地积极采取措施，解决全球气候变暖等环境问题，越来越多的人开始将环保的生活理念融入自己的生活当中。高校作为学习科研的重要场所，加强低碳校园建设对营造良好的校园环境有着重要意义。

低碳生活作为一种新兴的生活方式，越来越广泛地得到人们的认识和接受。它是倡导能源的低消耗和二氧化碳的低排放，即低能耗、低污染、低消费的生活。在大学校园里，低碳环保理念越来越深入人心，但是纵观新时代的大学校园，大学生在思想认识和具体行为上还存在着许多问题。因此，如何养成低碳生活习惯、宣传低碳生活，对维护良好的校园生活具有十分重要的意义。

一、勤俭节约

（一）校园浪费现象现状

随着社会发展和国民收入的提高，人们的消费水平也有了很大的提升。青年学生表现出旺盛的消费需求，大部分青年学生秉持勤俭节约的美德，懂得量入为出，部分青年学生出现过度消费，产生攀比现象。

我们常常看到学校食堂餐桌上剩饭剩菜被丢弃、洗手间的水龙头“细水长流”、宿舍里人走灯亮等浪费资源的现象，而这些现象背后代表着千千万万的家庭，在某种程度上也正是社会现实的部分反映。习近平总书记对“厉行节约，反对浪费”做出重要批示，大学生作为新时代的重要建设力量，要立足从自身出发，改变目前普遍存在的浪费现象，建立良好社会风气，为世人做出表率。

（二）大学生消费心理

消费心理指消费者进行消费活动时所表现出的心理特征与心理活动的过程，指消费者心理发生的一切心理活动，以及由此产生的消费行为，包括消费者观察商品、搜集商品信息、选择商品品牌、决策购买方式、使用商品形成心理感受和心理体验、向生产经营单位提供信息反馈等心理行为。概括起来大致有四种消费心理，分别是：从众、求异、攀比、求实。

大学生经济还不独立，许多同学将生活费过多地花费在了请客吃饭、逛街、网购、聚会上，而有的同学则为了减轻家庭负担，在校利用课余时间勤工俭学，为自己赚取生活费。有限的生活费如何分配更合理？看到自己喜欢的东西很想买，但是一时负担不起怎么办？面对种种诱惑，大学生应当学会理财，提高理财能力和水平，克制互相攀比、炫耀的欲望，合理规范消费行为，有意识地规避校园贷等风险点。

案例分享

★★★★★

大学生溺亡，家人收到多条追债信息

北京某高校大三学生小范暑期返回家中，在给家人留下遗书后失踪。8 月 15 日，小范被确认溺水死亡。此后，家人发现其曾在多个网络借贷平台贷款，并收到多条威胁恐吓的追债信息及视频。

2017 年 8 月 3 日，正在放暑假的小范向家人称要返回北京学校，随即离家。据小范的家人回忆，就在他离家的当天下午，在其卧室内发现了一封遗书，称自己“一步错、步步错”，并且说“我的心已经承受不住”。家人立即拨打小范的手机，但手机已无法接通，随后家人立刻报警。

次日，小范父亲的手机就开始陆续收到数十条信息，信息内容都是关于追债讨债。其中一条为：账单今天 3 点前查不到全款，马上群发通讯录，通告学校领导及辅导员，并上传个人征信记录，后果严重，自己看着办！小范的父亲还接到多个追债电话，电话里的人在谩骂之后都声称小范借了高利贷，现在联系不到他，所以向其家人追债。

8 月 5 日，一具在水中的浮尸被人发现。DNA 比对结果显示：溺亡浮尸就是小范本人。恢复后的小范手机里，有多个网络借贷平台的微信公众号。小范从 2016 年 7 月开始，从一个名为“速×借”的网络借款平台借了第一笔 1 500 元，随后就从另外一家网络借款平台借了 3 000 元钱用于归还“速×借”的钱，然后再从另外的借款平台借出更多的钱用来归还上一笔欠款。除了“速×借”外，他还在“今×客”“哈×米”等网络借款平台上借款。

（资料来源：作者根据 2017 年 8 月 18 日《北京青年报》相关资料整理改写）

（三）勤俭节约消费观的意义

习近平总书记在参加十三届全国人大二次会议内蒙古代表团审议时强调：“不论我们国家发展到什么水平，不论人民生活改善到什么地步，艰苦奋斗、勤俭节约的思想永远不能丢。”艰苦奋斗、勤俭节约，在新时代具有重要的现实意义和历史意义。

青年大学生作为“圆梦”新时代的建设者，是实现中国梦的栋梁。大学生树立勤俭节约的消费观是促进大学生树立勤俭节约意识、确保大学生健康成长的需要，是推动全社会形成勤俭节约的文明风尚。加强社会主义精神文明、弘扬社会主义荣辱观的要求，是实现中华民族伟大

复兴中国梦的需要。作为新时代青年，我们只有大兴勤俭节约之风，自觉摒弃铺张浪费行为，才能带动社会大众牢固树立倡导节约、回归节俭的思想，形成良好的社会风气（图 4-1）。

图 4-1　勤俭节约是中国传统美德

案例分享

怎样才算勤俭节约

中国青年报社社会调查中心联合问卷网，对 1 988 名在校大学生进行的一项调查显示，83.8%的受访大学生称平时会注意勤俭节约。受访大学生认为如今勤俭节约的内涵是不与人攀比、不随意浪费和不奢侈铺张。大二汪同学每月有 1 200 元的零花钱，她要求自己每月都要有结余，平时拿到零花钱会先存到理财产品里赚利息。虽然收益很少，但她认为这种习惯很重要。汪同学很少吃外卖："一顿外卖可能吃掉我一天的伙食费，平时买学习用品和资料，我也会找同学合买，以获得更优惠的价格。"

38.6%的受访大学生表示身边勤俭节约的同学多，40.3%的受访大学生表示身边这样的同学少。交互分析发现，表示自己注意勤俭节约的受访男生比例（87.1%）高于女生（80.3%）。大二陈同学表示，他从小就很节俭："笔芯我一定要用到没油了才扔，如果笔尖坏了，写不出字了，我会换个笔尖继续用。我不会超出自己能力去消费。在食堂倒掉没吃完的饭菜，我会有愧疚感。"杨同学说，她和同学一起出去吃饭时，都不会认为点菜多更有排场，会适量点菜，吃不完会打包。辅导员张馨说，有的男生追求高档电子产品，也有女生追求高档化妆品，"这些花销往往超出他们的经济能力。班里也有个女孩，几乎餐餐都吃食堂，其他花销主要是购买学习用品，一个月生活费六七百元就足够。对于别人的指指点点，她很淡然"。

大学生怎样做才算勤俭节约？调查中，79.1%的受访大学生认为大学生不应该在消费上相互攀比，66.6%的受访大学生认为不应随意浪费，55.1%的受访大学生认为不应奢侈铺张，22.9%的受访大学生认为注意记账很重要。有同学认为，应该合理消费，“大学生应该试着赚一次钱，对于父母每月给的生活费才会更珍惜，更理解父母的辛苦。另外，大学生平时应该少关注明星的奢侈生活，少关注奢侈品”。

76.2%的受访大学生认为，秉持勤俭节约美德有利于树立正确的消费观，87.9%的受访大学生认同这个时代依然需要勤俭节约精神。张同学认为，在消费主义盛行的时代，仍然有必要提倡勤俭节约精神，“虽然大家手里的钱更多了，但资源是有限的。而且随意浪费，会增加环境负担，还会助长攀比风气”。

调查发现，90.5%的受访男生认同这个时代依然需要勤俭节约精神，比例高于受访女生（85.2%）。76.2%的受访大学生认为秉持勤俭节约美德能够帮助大学生树立正确的消费观，60.7%的受访大学生认为这样能够增强自控能力，57.8%的受访大学生认为这有利于养成良好的生活习惯，38.2%的受访大学生认为这有利于树立正确价值观。

陈同学认为，懂得勤俭节约的人往往更明白自己真正需要的是什么，也会给身边的人树立榜样，无论是富有还是贫穷，勤俭都是持家之本，“知道粮食得来不易，就不会浪费，懂得赚钱的不易，就会开源节流。从小养成勤俭节约习惯的人，长大后会懂得量力而行、未雨绸缪，会更早地成熟自立”。

（资料来源：杜园春，陈倩盼.怎样才算勤俭节约.中国青年报，2019.有改动）

（四）建立勤俭节约消费观

随着生活水平的不断提高，大学生生活费节余也越来越多，许多学生为了满足自己对物质的追求，不顾家庭条件，采取过度消费的方式。学生错误的消费观不仅会给家庭带来一定的负担，而且会在学校中引发攀比行为，不利于学生思想价值观念的培养。树立正确的消费观不仅有利于提高学生的整体素质，而且对学生的全面发展有着重要而深远影响。

大学生作为生态文明行为规范践行主体的先锋力量，通过开发校园文化隐形资源、建设素质教育实践基地、开展有用有趣多彩活动、开设消费教育系列课程、注重大众传媒正确导引等路径，使我们在追求舒适生活的同时，注重节约资源和能源、注重保护环境，以实现消费领域的可持续发展。当然，要建立勤俭节约的消费观，首先，要做到在保证日常生活开销的基础上，学会勤俭节约，提高物品的使用效率；其次，要学会控制住自己的购买欲望；最后，要努力提升自己的收入，正确的消费观也是建立在收入基础上的，收入高，内心会安静，不会轻易攀比。

拓展阅读

★★★★★

拒绝舌尖上的浪费

中央要求厉行勤俭节约、反对铺张浪费（图 4-2），得到了广大干部群众衷心拥护。

后续工作要不断跟上，坚决防止走过场、一阵风，切实做到一抓到底、善始善终。抓而不紧，抓而不实，抓而不常，等于白抓。一段时间以来，社会各方面就此积极建言献策，不少意见值得重视。要梳理采纳合理意见，总结我们自己的经验教训，借鉴国内外有益做法。下一步，关键是要抓住制度建设这个重点，以完善公务接待、财务预算和审计、考核问责、监督保障等制度为抓手，努力建立健全立体式、全方位的制度体系，以刚性的制度约束、严格的制度执行、强有力的监督检查、严厉的惩戒机制，切实遏制公款消费中的各种违规违纪违法现象。

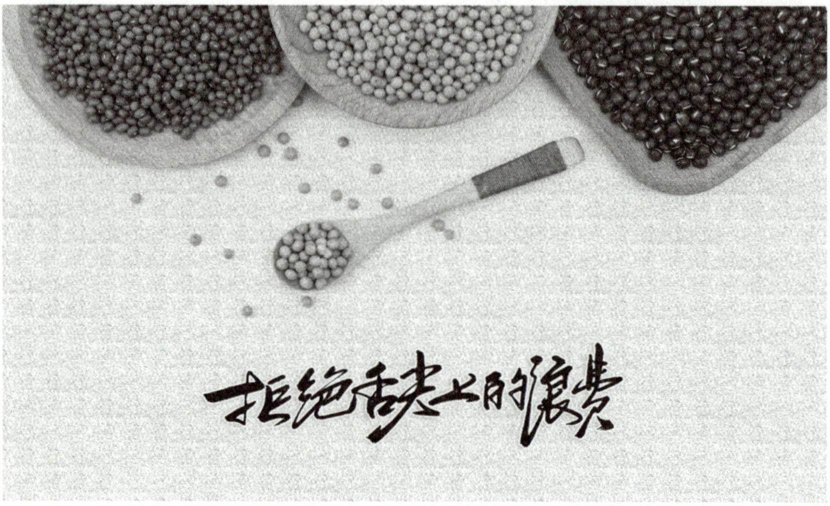

图 4-2　拒绝舌尖上的浪费

（资料来源：专家学者对遏制公款吃喝的分析和建议.人民日报，2013.有改动）

二、共建无烟校园

（一）大学校园吸烟的现状

大学校园吸烟行为状况不容乐观，不少同学已将吸烟当作课余时间的一种习惯，我们可以看到许多同学一到课间，便跑去厕所、走廊或操场吸烟，甚至有的时候，吸烟过程中的闲聊也成了一种新的校园社交方式，不少同学因为想要融入这个群体开始接触吸烟，而有的同学则因为考试压力过大、分手失恋伤感或聚会时兴致所致在朋友的劝说下吸烟。在大学生社交过程中，大学生的抽烟比例在不断扩大。

（二）大学校园吸烟的危害

大学校园是一个人流密度高、人员交往频繁的区域，一个人吸烟会直接影响到一个群体，

“二手烟”的影响就会随着大学生抽烟比例的扩大而增加。据统计，至少有83%的学生表示在课间或厕所内会接触到“二手烟”，大部分的不抽烟者甚至半数以上的抽烟者都表示很反感“二手烟”。所以说，吸烟会对同学造成很不好的影响。

与此同时，吸烟是人为引发火灾的重要原因之一。因吸烟发生的火灾屡见不鲜，烟头火种落地可导致房屋烧毁、实验室爆炸等，造成生命、财产各方面重大的损失，给校园环境带来了威胁。

当然，吸烟的危害最直接的还是影响到大学生的身体健康（图4-3）。德国科学家的一项最新调查表明，吸烟的人睡眠时间比不吸烟的人要少，并且睡眠质量也较差。这对大学生的健康造成了较大的影响，不利于大学生养成积极向上的生活习惯。

图4-3 吸烟有害健康

案例分享

大学校园火灾启示录

2019年11月早晨6时10分左右，某大学一学生公寓602室冒出浓烟，随后又蹿起火苗，屋内6名女生被惊醒，离门较近的2名女生拿起脸盆冲出门外到公共水房取水，另4名女生则留在房中灭火。然而，当取水的女生回来后，却发现寝室门打不开了。因为火场温度高，木制的寝室门被烧得变了形，被火场的气流牢牢吸住了。不一会儿，大火越烧越旺，4名穿着睡衣的女生被浓烟逼到阳台上。蹿起的火苗不断扑来，吓得她们惊声尖叫。隔壁宿舍女生见状，忙将蘸过水的湿毛巾从阳台上扔过去，想让被困者蒙住口鼻，争取营救时间。宿舍楼下，大批被紧急疏散的学生纷纷往楼上喊话，鼓励4名女生不要慌乱，等待消防队员前来救援。可是，在凶猛的火魔面前，4名女生逐渐失去了信心。又一团火苗蹿出后，一名女生的睡衣被烧着了，惊慌失措的她大叫一声，从6楼阳台跳下，摔在底层的水泥地上。看到同伴跳楼求生，另外2名女生也等不及了，顾不得楼下师生们“不要跳，不要冲动”

的提醒，也纵身一跃……3名同伴先后跳楼，让最后一名女生没了主意。她在阳台上来回转了好几圈后，决定翻出阳台跳到5楼逃生。可她刚拉住阳台外栏杆，还没找准跳下的位置，双臂已支撑不住，一下掉了下去。与此同时，滚滚浓烟灌进了隔壁601寝室，将屋内3名女生困在阳台上。所幸消防队员接警后及时赶到，强行踹开宿舍门，将女生们救了出来。经调查，此次火灾的发生是因602宿舍有同学在宿舍内吸烟，烟头未熄灭导致垃圾筐燃烧，进而造成了悲剧。

（资料来源：上海市闵行区防震减灾科普馆）

（三）创建无烟校园的意义

吸烟是我国面临的一项公共卫生问题，也是高校存在的一项棘手的问题。有研究表明，我国青少年吸烟率和尝试吸烟率正在逐年上升并呈低龄化趋势。如不采取措施，吸烟比例将继续上升。高校致力于创建无烟校园，使广大青年学生养成良好行为习惯，营造教书育人的清新校园环境，对建立健康向上的校园风尚，形成良好的校园氛围，意义深远。

案例分享

列车“无烟诉讼第一案”的破冰意义

因在普通旅客列车K1301上遭遇“二手烟”，大学生李晶（化名）将哈尔滨铁路局（后更名为中国铁路哈尔滨局集团有限公司）告上法庭，该案被称为国内公共场所无烟诉讼第一案。25日下午，此案在北京铁路运输法院公开宣判，法院判令哈尔滨铁路局取消K1301次列车吸烟区标识及烟具。

此案宣判以后，有网友满怀欣喜地表示：这是大学生李晶个人的一小步，却是社会文明与进步的一大步，更是控烟工作的一大步。这位网友的评价，并非夸张之词，“无烟诉讼第一案”的宣判，确实具有多方面的价值和意义，将对未来的控烟工作，尤其是铁路运输的控烟工作，产生积极而深远的影响。这不但对于占据社会主流的非吸烟人士是一种莫大的欣慰，同时也是整个社会更加文明的体现。

当时的哈尔滨铁路局张贴在列车车厢内的安全须知中已经明确规定：禁止在列车各部位吸烟。这已经表明该趟列车属于“无烟列车”，是必须坚持全车禁烟的。但是让大学生李晶及其他乘客难以理解的是，该趟列车又在车厢连接部位设置了专门的“吸烟区”，并且配备了烟灰盒、烟灰缸等方便吸烟的工具，以供烟民们吸烟。这种做法不但不合理，而且和安全须知中的有关规定互相矛盾，实际上已经把“无烟列车”变成了“有烟列车”。

而从现实来看，该趟列车的做法，显然给整个列车的乘车环境带来了破坏，对大多数旅客的乘车体验、合法权益带来了侵害，因为烟草燃烧以后产生的烟雾会充斥整个车厢，让车厢内几乎每个人都成为“二手烟”的受害者。而“二手烟”会对人体健康带来损害，这是已经得到科学和医学证明的客观事实。在这样的事实面前，哈尔滨铁路局在法庭上的辩解，诸如禁设吸烟区可能会对其他乘客和列车公共安全带来更大危害等，就多少显得有些苍白无力。

而法院审理也认为，在列车内设置吸烟区，除了降低列车整体的空气质量，影响旅客的乘车环境之外，也与铁路安全管理条例的规定相悖，所以本着取消吸烟区、拆除烟具从而实现全车禁烟，有利于公共环境和公民健康的保护的原则，最终做出了哈尔滨铁路局败诉的判决，并且要求其取消吸烟区，遮蔽原来设置的吸烟标识等。

因为女大学生李晶提起的这起诉讼具有公益诉讼的性质，所以如网友之前所说，大学生李晶的个人一小步，是社会文明的一大步。“无烟诉讼第一案”的破冰意义，对所有高铁、动车甚至公路运输的客车都具有警示价值。那就是烟草越来越不受公众欢迎，控烟禁烟乃是大势所趋、潮流所在，为了避免自己吃官司，还是提前做好各种预防工作，让自己和乘客都远离烟草为好。

（资料来源：列车“公共场所无烟诉讼第一案”的破冰意义.中国青年网，2017.有改动）

三、维护校园环境秩序

校园是同学和老师学习、工作的场所，良好的校园环境可以带给我们心旷神怡的感觉。而维护校园的环境秩序，营造一个文明、整洁的校园环境，需要每个同学的行动与努力。

（一）校园环境中的不和谐因素

高校校园的环境是校园文化建设的重要组成部分，在高校的校园环境文化建设之中起着举足轻重的作用。校园中的不和谐因素主要有以下几种。

1. 公共教室书本杂乱

在大学校园里，尤其是到考试周，我们会发现教室里的空座位被人用小纸条、图书占据，同学们只能望着被“占座”的空座位徒呼奈何，整个教室也给人一种杂乱不堪的感觉。

2. 课桌桌面被乱涂乱画

校园里的几百个教室、上万个座位，几乎每处都被留下了“足迹”，同学们上课习惯性在桌面上涂画，使得校园教室桌椅“毁了容”。

3. 自行车摆放不整齐

随着校园智能自行车在校园中的普及和应用，使用校园自行车代步已经成了同学们日常生活的一部分，但是校园里却出现不在规定区域停放车辆的现象，严重破坏了校园环境。

4. 操场遗留垃圾瓶

操场作为学生休闲娱乐的主要场所，人员流动性较大，部分同学会将在操场产生的垃圾塞入排水口，甚至有的同学直接将垃圾丢弃在操场上，严重破坏操场环境。

（二）维护校园环境的意义

中国共产党第十七次全国代表大会报告首次提出建设生态文明的要求，并将其写进党章，作为行动纲领。中国共产党第十八次全国代表大会报告将生态文明建设纳入中国特色社会主义事业“五位一体”总体布局，美丽中国成为中华民族追求的新目标。中国共产党第十九次全国代表大会报告强调“加快生态文明体制改革，建设美丽中国”。由此可见，建设生态文明已经成为我国社会发展的必然选择，而实现这一目标需要社会各个方面的努力。

校园环境建设是生态文明建设的基础，是教育建设中的重要组成部分，是育人的方式，是展示校园文化的窗口。良好的校园环境，会带给同学朝气蓬勃、生机盎然、赏心悦目的感觉，美丽和谐的校园环境是润物细无声的、催人上进的，能够陶冶情操、启迪心灵，直接影响到校园的文化氛围（图 4-4）。

图 4-4　营造良好校园环境，人人有责

第二节　垃圾分类

一、垃圾分类的意义

扫一扫 看一看

（一）垃圾分类的定义

垃圾分类，一般是指按一定规定或标准将垃圾分类储存、分类投放和分类搬运，从而转变成公共资源的一系列活动的总称（图 4-5）。分类的目的是提高垃圾的资源价值和经济价值，力争物尽其用。进行垃圾分类收集可以减少垃圾处理量和处理设备投入，降低处理成本，减少土地资源的消耗，具有社会、经济、生态等几方面的效益。

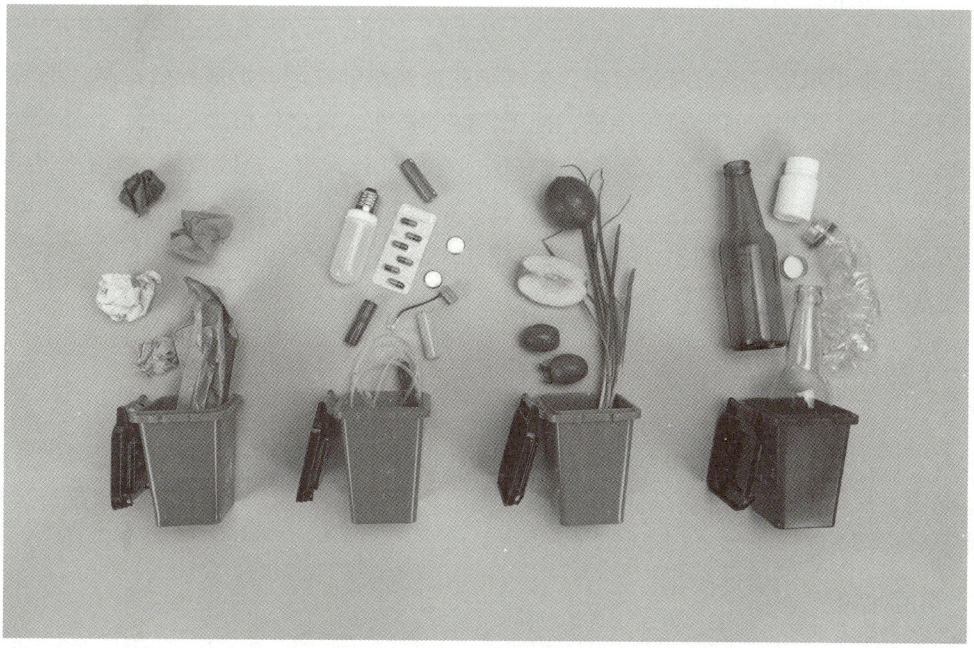

图 4-5　垃圾分类

（二）垃圾分类的原因

每个人每天都会产生许多垃圾，在一些垃圾管理较好的地区，大部分垃圾会得到卫生填埋、焚烧、堆肥等无害化处理，而更多地方的垃圾则常常被简易堆放或填埋，导致臭气蔓延，并且污染土壤和地下水体。垃圾无害化处理的费用是非常高的，根据处理方式的不同，处理一吨垃圾的费用一百元至几百元不等。人们大量地消耗资源，大规模生产，大量地消费，又大量地生产着垃圾，后果将不堪设想。

（三）垃圾分类的重要性

习近平总书记强调，实行垃圾分类，关系广大人民群众生活环境，关系节约使用资源，也是社会文明水平的一个重要体现。新时代的大学生，承载着国家的未来和民族的希望，是社会文明的示范者和引领者。因此，做好垃圾分类，是每一位大学生应尽的责任与义务。

垃圾分类本身的目的既是为了变废为宝，也是为了让各类垃圾各归其位，这样才能让我们的生活环境更加干净卫生，减少细菌滋生，守护健康。大学生做好垃圾分类，是卫生健康习惯的一种习得养成，在这一过程中，大学生能够更好地成长为文明个人。大学生须学习和践行垃圾分类，这样我们的校园才能因为做好垃圾分类而更加文明美丽。

二、垃圾分类的标准

（一）我国垃圾分类现状

习近平总书记指出，推行垃圾分类，关键是要加强科学管理、形成长效机制、推动习惯养成。要加强引导、因地制宜、持续推进，把工作做细做实，持之以恒抓下去。

2016 年 12 月以来，新的垃圾分类制度在国内普遍推行开来，全国垃圾分类工作由点到面、逐步启动、成效初显，46 个重点城市先行先试，推进垃圾分类取得积极进展。2019 年起，全国地级及以上城市全面启动生活垃圾分类工作，2025 年底前全国地级及以上城市将基本建成垃圾分类处理系统。

（二）垃圾分类方法

随着人们物质生活的不断丰富，垃圾成分也日趋复杂，合理准确地进行垃圾分类，可极大限度地防止二次污染。根据国家标准，垃圾分类可分为可回收物、其他垃圾、厨余垃圾和有害垃圾四大类。

1. 可回收物

可回收物指适宜回收并可循环利用的资源，主要包括废纸、塑料、玻璃、金属和布料五大类。

废纸：主要包括报纸、期刊、图书、各种包装纸等。

塑料：各种塑料袋、塑料泡沫、塑料包装（快递包装纸是其他垃圾/干垃圾）、硬塑料、塑料牙刷、塑料杯子、矿泉水瓶等。

玻璃：主要包括各种玻璃瓶、碎玻璃片、暖瓶等。

金属：主要包括易拉罐、罐头盒等。

布料：主要包括废弃衣服、桌布、洗脸巾、包、鞋等。

2. 其他垃圾

其他垃圾（上海称干垃圾）包括除上述几类垃圾之外的砖瓦陶瓷、渣土、卫生间废纸、纸巾等难以回收的废弃物及尘土、食品袋等。

3. 厨余垃圾

厨余垃圾（上海称湿垃圾）包括剩菜剩饭、骨头、菜根菜叶、果皮等食品类废物。经生物技术就地处理堆肥，每吨可生产 0.6~0.7 吨有机肥料。

4. 有害垃圾

有害垃圾含有对人体健康有害的重金属、有毒的物质或对环境造成现实危害或潜在危害的废弃物，包括电池、荧光灯管、灯泡、水银温度计、油漆桶、部分家电、过期药品及其容器、过期化妆品等。这些垃圾一般单独回收或填埋处理。

拓展阅读

垃圾分类：全民参与的社会“新时尚”

生活垃圾分类并不是新鲜话题。2019 年，全国地级及以上城市的政府和人民一门心思研究“垃圾的那些事儿”，反映的不仅是对待资源态度的变化，更是国家对发展循环经济、建设生态文明的重视。

2019 年 7 月 1 日，上海进入垃圾分类“强制时代”，号称“史上最严”的《上海市生活垃圾管理条例》不仅让申城人民在垃圾桶面前踌躇与徘徊，同时将这项环保运动扩散至全国多个城市，北京、广州、杭州、深圳等相继跟进，纷纷出台地方性政策。其实早在 2 月份，住建部就已经扣响了垃圾分类的“发令枪”，要求全国地级及以上城市在 2019 年全面启动生活垃圾分类工作。6 月，住建部等部门又印发文件，将全国 46 个城市带上强制垃圾分类的“快车道”，并发布了日程表，即到 2020 年底 46 个重点城市基本建成垃圾分类处理系统，到 2025 年底全国地级及以上城市基本建成垃圾分类处理系统。为了不让全国人民为丢垃圾而发愁，11 月住建部还出台了垃圾分类“新国标”《生活垃圾分类标志》，并且联合中国政府网推出了第一款具有官方背景的“全国垃圾分类”小程序，覆盖全国 46 个重点城市，根据城市的不同，可以查询到不同的分类标准。

“丢垃圾”终于不再是一件小事。2019 年，垃圾分类不仅搅乱了全国人民的“垃圾桶”，同时也撬动了千亿市场，催生了众多创业公司。据天眼查数据显示，2019 年全国新增垃圾处理相关企业超过了 7 000 家。各种与垃圾分类相关的项目、公众号和小程序也应运而生，分类垃圾桶、代扔垃圾服务、互联网＋垃圾分类平台等纷纷涌现。一些大的科技公司也针对垃圾分类“跑马圈地”，比如支付宝上线免费上门回收垃圾服务，京东也推出了垃圾分类助手。虽然 2019 年里有关垃圾分类的众多创业项目仍未找到成熟的盈利模式，但随着垃圾分类的全面铺开，环保行业的潜力终将被不断释放。其实除了固废行业外，垃圾分类政策的落地也在广泛影响包装、食品、外卖、餐饮、酒店等诸多行业。而这些行业的企业的反应和行动则将决定其面临的究竟是挑战，还是机遇。

2019 年“侬是什么垃圾”的灵魂拷问虽让人啼笑皆非，却让垃圾分类走进了千家万户，切实改变了人们的生活方式和生产方式。2020 年，全国各城市将全面推动垃圾分类制度，面对低碳绿色“新时尚”，你准备好了吗？

（资料来源：可持续发展经济导刊，2020. 有改动）

（三）垃圾分类标识识记

垃圾分类是环保的第一步，那么如何将垃圾进行正确分类？让我们一起认识垃圾分类标识。

1. 可回收物

可回收垃圾图标是一个循环的三角形箭头，简单明了，如图 4-6 所示。

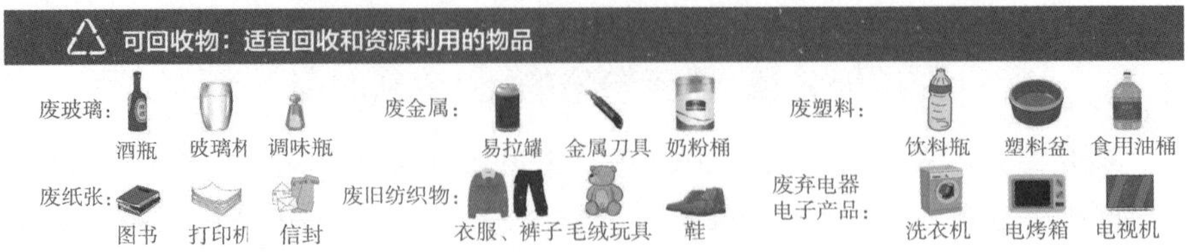

图 4-6　可回收垃圾图标

2. 有害垃圾

有害垃圾图标上面像一棵单叶的小苗，下面是一个很明显的叉，如图 4-7 所示。

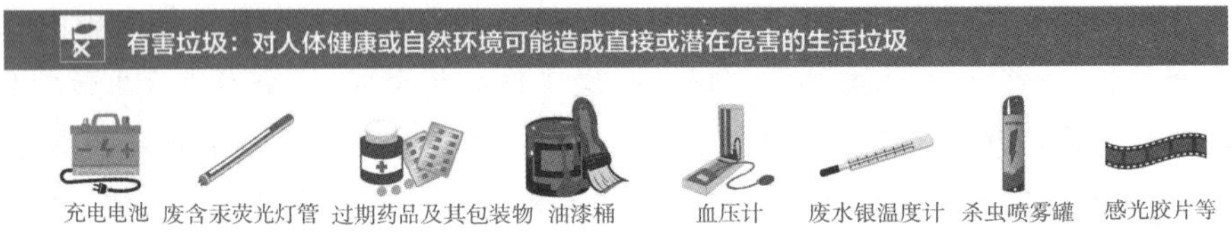

图 4-7　有害垃圾图标

3. 厨余垃圾

厨余垃圾图标由一个果核、一根鱼刺及半个鸡蛋壳组成，很容易辨别，如图 4-8 所示。

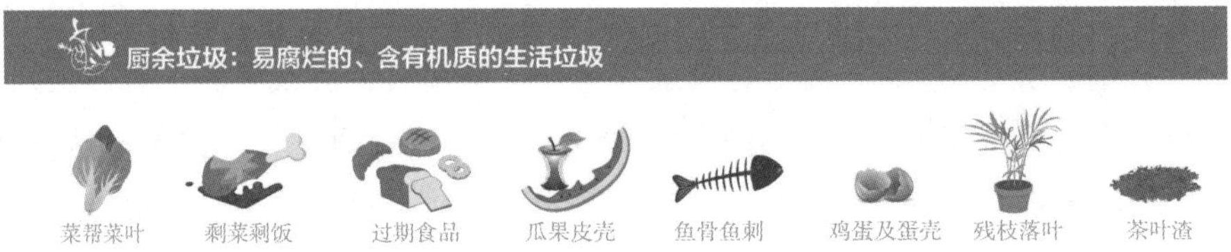

图 4-8　厨余垃圾图标

4. 其他垃圾

其他垃圾，也是不可回收垃圾。图标也是一个三角形，不过只有两个箭头，而且箭头朝下，如图 4-9 所示。

图 4-9　其他垃圾图标

拓展阅读

分类后的垃圾都去哪了

上海市的有害垃圾投入有害垃圾收集容器后，专用的收集车会将有害垃圾运送到暂存点，随后由环卫专用有害垃圾车辆运输至中转站进行分拣和存储，最后进入各类危废处理企业进行无害化处理。

可回收物通过“直接卖给废品回收企业”“投放到设置在居住区公共区域可回收物收集容器中”“投放到两网融合服务站点”这三种方式进入废品回收系统，然后经再生资源回收服务点、站、场收集后，通过市场化渠道运往各类再生资源工厂再生利用，变废为宝。

湿垃圾，又称厨余垃圾，这些湿垃圾（投放湿垃圾时记得要去除包装袋）投放到设置在居住区公共区域湿垃圾收集容器中后，由小区物业保洁员短驳至垃圾箱房，再由环卫通过湿垃圾专用收集车辆进行收运至湿垃圾资源化利用厂，实现日产日清。郊区主要通过“就地就近、一镇一站”的湿垃圾处理设施和分散设备进行资源化处理。

干垃圾，又称其他垃圾，这些干垃圾投放到设置在居住区公共区域的干垃圾收集容器中后，经分类短驳到垃圾箱房，随后由环卫干垃圾专用车辆运输，实现定期清运。中心城区经过中转，集装运输到市属设施基地进行焚烧和卫生填埋处理，郊区则依靠区属设施进行焚烧处理。

（资料来源：百度百科. 有改动）

三、高校垃圾分类

（一）高校校园生活垃圾的概念

高校垃圾主要是指日常生活和学习过程中产生的废品，包括塑料制品、纸质包装、印刷制品、金属制品及瓜果皮剩饭菜等，覆盖区域为公寓楼、教学楼、图书馆、实验楼及公共活动区等。总的来看，教学区所产生的垃圾主要以废纸为主；食堂主要是餐饮垃圾，包括塑料、食物等；宿舍区垃圾比较杂乱，主要为食品包装、瓜果皮等。

（二）高校垃圾分类的现状

实行校园垃圾分类，可以美化校园、改善环境，是一件有利于学生成长的事情。然而，目前很多高校垃圾分类普遍存在没有分类垃圾桶、学生垃圾分类意识未建立、分类垃圾被二次混合等问题。校园垃圾混合收集前均未经过垃圾分类处理，导致苍蝇、蚊子、老鼠的滋生。在垃圾的处理过程中，混杂着各种有害物质的垃圾被填埋，既占用了土地，又使垃圾中多种污染成分长期留存，在一定条件下发生化学反应或生物转化，通过水资源、空气等介质污染大气环境，影响人体健康。

（三）高校垃圾分类的意义

校园开展垃圾分类，把垃圾当成资源，把有毒物质单独进行资源化处理，不仅可以节省大量填埋占地、避免污染，还能按类别回收资源、保护资源和环境的同时培养学生了解垃圾分类知识，养成垃圾分类习惯、形成环保意识，对校园环境的美化和治理更是有着深远的意义。

案例分享

王祥有：十六年身体力行做好垃圾分类

晚上八点半，在村部篮球场上，江西省赣州市崇义县铅厂镇义安村果农王祥有在跳舞休息间隙向村民传授垃圾分类知识。他抓住广场舞群众参与性强的特点，晚上义务教村民跳广场舞，同时倡导大家进行垃圾分类，多年来从未间断。

自 2003 年以来，王祥有一直践行着当初立下的“爱护环境，守护家乡青山绿水”承诺，身体力行做好垃圾分类并积极推广，为崇义县农村生活垃圾处理作出表率，先后被评为“江西好人”“中国好人”“2019 江西最美基层环保人”。

“死鸡死鸭死老鼠随意丢在义安河里，看了就让人恶心。我们的生活水平确实是提升了，但环境这么差就不怎么匹配了。垃圾如何减量，首先就要做好分类。”王祥有坚定地说。

一味地抱怨，垃圾并没有减少，反而越来越多；一味地发牢骚，环境也没有改善，反而越来越差。与其消极抱怨，不如积极改变。王祥有决定从自己做起，与家人“约法三章”，不乱扔垃圾，不乱倒垃圾，并且对垃圾进行分类处理。

经过多年摸索，他总结了一套比较科学又简单易行的垃圾分类处理方法——“两个袋子两个桶”。

“两个袋子”指用一个大塑料袋把那些可以回收的废铜烂铁、塑料瓶、废旧纸张装起来，积存到一定的量，进行废品回收。把那些废电池、农药瓶和废弃灯泡等有害垃圾用一个小塑料袋装起来，进县城办事时顺道丢进有害垃圾桶里。

“两个桶”中，一个桶是把可以腐烂的垃圾（如菜根、菜叶、瓜皮烂果等）装起来，装满了一桶倒入果园或菜地填埋施肥；另一个桶装那些不能回收又不能沤肥的垃圾（玻璃瓶、牛奶盒、塑料袋、烂鞋烂袜子等），并把它们倒入公共垃圾桶。

这种从源头上分类处理垃圾的方法，既干净卫生，又可减少 70% 左右的垃圾，还能够变废为宝，实现资源的再利用，特别适合在农村地区普遍推广。

刚开始搞垃圾分类的时候，曾有人质问："现在政府又没有要求我们搞垃圾分类，你何必那么认真呢？你是想要出名吗？"

"乱倒垃圾已经严重影响我们的生活，再不认真对待，受害的不仅仅是我们自己，而且会殃及子孙后代。我既然想到了，就先干起来呗。"面对他人的不理解，王祥有这样回答，对方哑口无言。

2015 年前，义安村没有投放公共垃圾桶。王祥有每天去脐橙园干活时都必经镇上的垃圾中转站，于是就想到了用摩托车搭载那些不能回收又不能沤肥的垃圾，把它们拉到离家 17 千米的镇垃圾中转站投放。

"那时候，我们经常满车行囊，车头上吊着两个保温桶的饭菜，车尾绑着一大塑料袋的垃圾，我爱人则坐在我和垃圾袋之间，每次我被挤得几乎都要坐到摩托车的油箱上。有时候半路上遇见熟人，停下来打招呼都不好意思说车上绑着垃圾。"王祥有回想起往事，依旧有些尴尬。

受王祥有的影响，越来越多的村民加入垃圾分类的行列当中来。村庄变得整洁，街道、广场、河道都看不到垃圾，河水也清澈了。

2017 年，义安村被评为"全国第一批绿色村庄"；2019 年 5 月，义安村被评为"江西省文明村镇"（图 4-10）。

图 4-10　崇义县铅厂镇义安村

（资料来源：中国环境报，2020. 有改动）

第三节　勤工助学

一、勤工助学概述

扫一扫 看一看

（一）勤工助学的内涵

1. 勤工助学概念

勤工助学是指学生在学校的组织下利用课余时间，通过劳动取得合法报酬，用于改善学习和生活条件的社会实践活动。勤工助学是新时代学校学生资助工作的重要组成部分，是提高学生综合素质和资助家庭经济困难学生的有效途径。

2. 勤工助学的发展

在很长的一段时间内，国内用勤工俭学的称谓来代替勤工助学，这个名称来源于“留法学生俭学会”。勤工助学一词最早由复旦大学在1984年提出，旨在通过这样的活动，促进学生将知识在实践中利用，进而提升自身的专业素养、自立能力，帮助学生进行全方位发展。

从20世纪90年代至今，国家先后发布了关于勤工助学相关的多项政策和文件，先在高校日常工作中设立勤工助学项目，又明确了高校在勤工助学管理制度、经费来源和应用、助学基金设立和管理方面的有关规定，逐步强化了勤工助学工作在高校学生工作体系中的作用、地位和价值，勤工助学很好地帮助了家庭经济困难的学生顺利完成学业。

拓展阅读

★★★★★

留法勤工俭学运动

2019年是留法勤工俭学运动100周年。100年前的1919年初到1920年底，近2 000名中国进步青年远赴法国，“勤于做工、俭以求学”，胸怀救国梦的中国青年远渡重洋，一边做工，一边学习新知识、新思想。他们在此研究工人运动、社会主义思潮和马克思主义，并从这里起步，走上革命道路，开始振兴中华的伟大历程。他们当中有些对新中国成立居功至伟，比如周恩来、邓小平、蔡和森、陈毅、聂荣臻等；有些成为新中国科学技术、文化艺术等领域的杰出人才，比如钱三强、严济慈、童第周、徐悲鸿、林风眠等。他们对中国的社会革命与发展产生了重大深远的影响作用。

五四时期，经过新文化运动的洗礼和反帝爱国斗争的影响，中国青年为寻求救国救民的知识和真理，大批赴法国留学。由于自费留学费用很高，除极少一部分官派的留学生外，绝大多数中国学子都半工半读，在法国的工厂中和法国工人、华工等一起劳作，获得了法国舆论界的赞誉。1912 年，以“输世界文明于国内”为宗旨，李石曾、吴玉章、吴稚晖、张继等在北京发起组织留法俭学会。当时任教育总长的蔡元培力赞此事。留法俭学会在北京成立留法预备学校，送 80 多人赴法俭学，1914 年受袁世凯政府的阻止，被迫停办。以后保定人李石曾在巴黎华工中试验工余求学，1915 年发起组织留法勤工俭学会，1916 年 3 月在巴黎成立华工学校，为留法勤工俭学运动创造了条件。

1919—1920 年，先后共 20 批约 1 600 多人到达法国。他们来自全国 18 个省，其中以四川（378 人）、湖南（346 人）、河北（147 人）为最多。留学生基本上都是 16~30 岁的青年。其中，较为知名的人士有湖南教育界著名的徐特立，蔡和森、蔡畅和他们的母亲葛健豪一家，王若飞和贵州教育界知名的黄齐生甥舅等。他们到法国后，有的先工后学，有的先学后工，有的边工边读，绝大多数都加入了“留法勤工俭学会”，互帮互助。根据一份当时的调查数据，共有 400~500 名中国留学生，在 3 年的学习期间，进入了 70 多家工厂做工。除此之外，不少于 200 名的留学生还在平时当散工、干杂活。其中，约有 670 人进入巴黎及法国各地的 30 多个学校，其中多是首先补习法文，然后进入工业实习学校及其他学校学习。暂时没有工作，处于候工状态的留学生只靠留法勤工俭学会发放的微薄的维持费度日，生活极为艰苦。中国留学生在进入工厂后完全以普通劳动者的姿态和法国工人、华工一起劳动。每天 8 小时工作后还补习法文或学习工艺。他们的勤奋吃苦让法国工人、学生和友好人士对他们表现出了普遍的欢迎和关切，同时也让留学生们广泛地接触了资本主义社会生活的实际。有些青年则着重锻炼自己，考察资本主义社会，接触工人群众，研究工人运动、研究社会主义思潮和马克思主义。

（资料来源：留法勤工俭学运动：远赴他乡寻求马列主义　点燃强国梦想的希望曙光.人民网，2019.有改动）

（二）勤工助学的特点

勤工助学主要为困难生服务。校园内勤工助学岗位是有限的，因此只能照顾部分经济特别困难的学生参与。勤工助学是业余性的，学生在开展勤工助学活动时，应坚持课余的原则，以搞好学习为前提，放弃学业必然会得不偿失、本末倒置。勤工助学是有偿服务。勤工助学需具有一定的经济效益，学生依靠自己的知识、技能和辛勤劳动获得相应报酬。

二、勤工助学的意义

（一）树立自立自强精神

高校开展勤工助学工作能够使贫困生收入水平得到提升，有效解决生活学习资金匮乏的问题，同时学生在参加勤工助学活动的整个过程中，学生经常需要与他人合作完成项目任务，通过劳动获得报酬，可以对学生自立自强和团队合作精神进行有效培养。

（二）提升人际交往能力

高校勤工助学工作往往具有与社会较为相似的工作环境，需要与不同性格的老师、同学进行交流，有机会在管理岗位上进行适当自我锻炼，提前体验职场的氛围，帮助其扩大交际圈，为保持和谐、稳定的人际交往关系做好充分的准备，帮助其提升人际交往和组织管理能力。

（三）塑造健康心理品质

从心理角度分析，部分贫困生会因为家庭贫困而存在自卑、内向等心理，长此以往，容易造成抑郁、焦虑等问题。贫困生参与勤工助学，一方面可以帮助缓解其经济问题，减轻生活、学习压力；另一方面可以帮助其培养自信心，使学生能够积极地面对生活中的困难，同时在勤工助学过程中加强人际交往，为建立良好的人际关系打好基础，提升心理健康水平。

（四）提升自身综合素质

高校勤工助学岗位是大学生正式走入社会之前的实践基地，大学生参加相关活动可以对自身品格进行锻炼，对意志力加以磨炼，使其理解成长及生活的不易，帮助其在正式走入社会之前向着全面发展方向成长，从小事做起，逐步提高综合素质水平，为其成为社会主义合格建设者和可靠接班人打下坚实基础。

三、高校勤工助学岗位设置

（一）岗位设置原则

学校应积极开发校内资源，保证学生参与勤工助学的需要。校内勤工助学岗位设置应以校内教学助理、科研助理、行政管理助理和学校公共服务等为主。

勤工助学岗位既要满足学生需求，又要保证学生不因参加勤工助学而影响学习。学生参加勤工助学的时间原则上每周不超过 8 小时，每月不超过 40 小时。寒暑假勤工助学时间可根据学校的具体情况适当延长。

（二）岗位设置类型

勤工助学岗位分固定岗位和临时岗位。固定岗位是指持续一个学期以上的长期性岗位和寒暑假期间的连续性岗位；临时岗位是指不具有长期性，通过一次或几次勤工助学活动即完成任务的工作岗位。

（三）岗位管理要求

学校要引导和组织学生积极参加勤工助学活动，同时指导和监督学生的勤工助学活动。组织学生开展必要的勤工助学岗前培训和安全教育，维护勤工助学学生的合法权益；安排勤工助学岗位，应优先考虑家庭经济困难的学生；对少数民族学生从事勤工助学活动，应尊重其风俗习惯；不得组织学生参加有毒、有害和危险的生产作业及超过学生身体承受能力、有碍学生身心健康的劳动。

第四节　志愿服务

扫一扫 看一看

一、志愿服务基础知识

（一）大学生志愿服务内涵

图 4–11　中国志愿者网标志

志愿服务主要是指社会志愿组织（图 4–11）或个人在无偿服务的前提下，通过自愿或社会志愿组织的组织积极投身于社会公益事业，充分发挥自身的知识、技能、体力、财富等优势促进社会公益事业的发展，同时提升自身的思想道德水平。随着志愿服务的不断深入和发展，大学生志愿者为志愿者群体注入了新的血液，成了志愿者组织的重要组成部分。大学生志愿服务主要指高校中的在校大学生能够自觉自愿参加学校志愿组织或社会志愿组织，用自己所掌握的专业知识与技能，以自身发展为目的，无偿地为推动人类社会的进步而展开的各种服务活动。

案例分享

★★★★★

2019 年清华毕业典礼上发言的研支团女孩：
用一年不长的时间，做一件终生难忘的事

尊敬的各位老师、亲友、来宾，亲爱的同学们：

大家上午好！我是工业工程系的张薇，非常荣幸能够作为 2019 届毕业生代表在这里发言。

我来自甘肃镇原——一个黄土高原上的国家级贫困县，交通不便，教育资源有限，经济相对落后。犹记得第一次去省城参加物理竞赛实验环节，我甚至没有见过比赛所用的仪器，当我终于找到仪器开关时，实验时间已经到了。那是我第一次意识到不同地域的教育差异如此巨大，短暂的失落也在我心底埋下了改变家乡教育现状的种子。

经过高中3年的拼搏，我幸运地成了这个园子里的一分子。邱校长在开学典礼上就告诉我们："清华学生要具有理想主义精神"，要"听从内心的召唤，突破现实的羁绊，追求有意义、有价值的人生目标"。4年的大学生活告诉我，实现人生目标的关键是：能坚持、有担当。

坚持，就是身处低谷仍心怀希望，困难重重仍坚定前行。

因为基础薄弱，我时常陷入自我怀疑。微积分作业要比别人多花三四倍的时间，竞选班长不成功，报名实践支队长也失败了，仰卧起坐100分只拿到了20分……《平凡的世界》里孙少平说："一个平凡而普通的人，时时都会感到被生活的波涛巨浪所淹没。你会被淹没吗？除非你甘心就此沉沦！"

我们都曾经历各种各样的困难挫折，曾在漫漫长夜中苦苦思索，在无人的角落里放声大哭，但只要咬牙坚持，生活就会给你惊喜。后来，我参加了辩论赛，和小伙伴一起获得了"辩论好声音"的冠军；我的仰卧起坐及格了，当上了班长，也开始指导实践支队，还顺利拿到了学业优秀奖学金。

我没有辜负自己当时在日记中写的那句话："无论如何，不许退缩，不许不努力，决不许放弃。"我们不会被困难打倒，咬着牙含着泪，也要坚持到最后一刻！

担当，就是要铭记清华人的家国情怀，不忘初心，坚守理想。

2017年，在甘肃特困镇殷家城的一间土窑洞里，我遇到了一位母亲和她的3个孩子。母亲不识字，父亲意外离世，家里只有一张桌子，没有台灯，但姐弟仨却学习得无比认真。我至今忘不了母亲的手足无措，忘不了孩子衣服上的破洞和眼睛里的光，我知道我应该做些什么。

经过我们的努力，这个困难家庭最终得到了北京一家公益组织的长期学业资金支持。在过去4年里，我曾前往甘肃、云南、陕西等多个省份开展8次公益实践。我开始意识到，清华人有责任去关注社会，我们的努力真的具有点燃星星之火的力量！

我也始终记得曾经想为教育事业贡献力量的懵懂初心。推荐免试研究生成功以后，我决定延迟入学一年，加入清华大学研究生支教团。清华培养我们成为"肩负使命、追求卓越的人"，父母希望我不忘"饮水思源"，朋友们希望我做自己真正想做的事，而我想"用一年不长的时间，做一件终生难忘的事"！

岁月不居，未来可期。我们不仅有坚定不移的决心、果敢刚毅的品格，更有家国天下的情怀和为理想不懈奋斗的一腔热血！我们永远不会忘记心底的热爱与热泪盈眶的感动。感谢清华给我们更加有力的翅膀去翱翔天际，我们将不忘初心、坚守信念，乘风破浪、直济沧海！

谢谢大家！

（资料来源：清华大学毕业典礼上发言的女孩："用一年时间，做一件终生难忘的事".中国青年报，2019.有改动）

（二）新时代大学生志愿服务

1．大学生志愿服务的特征

（1）自愿性。志愿服务，就是志愿者的行为是自己想做的，而不是别人要求或强迫的。所以，大学生志愿服务活动最重要的原则就是自愿性。之所以志愿服务活动效果比较显著，也是因为它坚持自愿性的原则，它是发自志愿者内心的，并且能够拥有自由的选择权和受到充分的尊重。

（2）无偿性。志愿者及相关组织在社会中进行志愿服务时将营利和追求物质回报的想法排除在外，这便体现出志愿服务的无偿性特点。这一特点使得志愿服务的利他性质得以最大限度地发挥作用。志愿服务的无偿性成为区分追逐效益最大化和利润最大化的社会行为的主要特征。

（3）组织性。志愿服务的组织性有利于针对大学生实施不同的志愿服务情况进行分类管理，制订相应的培训计划和服务方案，形成专业的服务团队，从而保障大学生志愿服务活动有序、高效地开展。

2．大学生志愿服务的工作对象和主要内容

（1）农村扶贫开发。农村扶贫就是动员和组织青年以志愿服务的方式到贫困地区开展服务，主要服务内容是基础教育、医疗卫生、农业科技推广、乡镇企业发展等方面。

案例分享

★★★★★

中国青年志愿者先进典型事迹（一）：郎坤

郎坤，女，满族，中共党员，出生于1984年，现为武汉理工大学团委书记、武汉团市委挂职副书记、湖北省志愿者协会副会长。

郎坤自2004年上大学以来，坚持关爱帮扶农民工子女，服务时数累计达6 000余小时，帮扶3 000多人，走访行程超过1.8万千米，捐赠价值158万元物资，被誉为“最执着的志愿者”。本科4年期间，郎坤在武汉一所菜场上的农民工子女学校——“屋顶小学”开展义务支教；大学毕业后，郎坤放弃直接读研机会，成功入选中国青年志愿者扶贫接力计划研究生支教团，赴贵州省龙里县支教一年，针对农民工子女特点倡导并建立了龙里县“为了明天——七彩阳光工作室”，下设雏鹰志愿者基地、素质拓展训练营和心理援助爱心联盟等机构，成了农民工子女学校德育工作的一个新亮点。

2010年，郎坤在返校读研及工作期间，持续关注农民工子女教育、生活问题，参与创建面向全武汉农民工子女的“5+1彩虹计划”志愿服务体系和“共青团关爱农民工子女志愿服务行动”专项计划。武汉理工大学专门成立“郎坤志愿服务队”。在郎坤的带领下，“郎坤志愿服务队”已经成为专业从事“关爱行动”项目的志愿服务队伍，自2011年3月成

立以来，累计开展1 000余次关爱行动，先后出动志愿者5 000人次，累计志愿服务工时达10 000余小时。与湖北省多所农民工子弟小学建立长期结对帮扶关系，捐赠价值100余万元的善款及物资。先后打造了“卓越梦想家”成长体系、“安全卫士”自我保护生命教育、“Baby Care”贝壳行动自护课堂等品牌关爱项目，获得中国青年志愿服务项目大赛金奖2项、银奖1项。

郎坤的先进事迹引起了社会各界的广泛关注，《人民日报》《光明日报》《中国青年报》和新华网等主流媒体对郎坤关爱农民工子女志愿服务行动事迹进行了大幅专题报道。她本人也获得第十五届中国青年五四奖章、第八届中国青年志愿者优秀个人等荣誉称号。2012年5月4日，在纪念中国共产主义青年团成立90周年大会上，郎坤在北京人民大会堂代表亿万青年发言，受到党和国家领导人亲切接见。

（资料来源：中国青年志愿者先进典型事迹（一）.中国青年志愿者网，2019.有改动）

（2）社区建设。中国的志愿服务是从社区发展起来的，同时社区建设也是当代大学生参与人数最多的志愿服务领域。如大学生志愿者“四进社区”活动，大学生利用周末课余时间，以志愿方式为社区提供科教、文体、法律、卫生服务。

（3）环境保护。保护环境是一项必须长期坚持的基本国策。共青团中央联合国家环保总局部门调动社会资源，集中组织，动员青年开展各类环保志愿服务，这些青年志愿者们不乏大量的大学生志愿者，他们开展了以植树造林、清除垃圾、整治水污染为主的环保志愿服务（图4－12）。

图4－12　志愿者拾捡垃圾

案例分享

★★★★★

中国青年志愿者先进典型事迹（二）：袁日涉

袁日涉，女，汉族，中共党员，1993年出生，现为中国青年志愿者协会副会长、北京市东城区灯市口小学教师。

1999 年，刚满 6 岁的她发起了“一张纸”活动，成立了“一张纸小队”，号召大家“废纸再用，双面用纸，保护大树”。在此倡议下，许多小学都开展了双面用纸活动。而后，她办起了全国第一个红领巾环保网站，少先队员们肩并肩、手挽手组成一道阻挡沙尘暴、保卫北京的绿色长城，建设了少年先锋林。

2008 年，她和全国生态环保伙伴提出“10 个 2 008”迎接奥运：组织 2 008 个一张纸小队、创建 2 008 个绿色银行、种植 2 008 棵树的少年先锋林、建设 2 008 个节水家庭……此后，她通过网络发起用低碳“六个一”——一张纸、一滴水、一度电、一滴油、一棵树、一个塑料袋的实际行动迎接上海世博会和广州亚运会活动。2013 年，袁日涉同学又发起百校捐助百所打工子弟学校图书室活动，并购买 4 152.8 元图书捐给黄庄学校。利用自己的碳汇捐款和北京绿化基金会领导的个人捐款支持，组建了“绿之梦”苗圃，为北京市学校和社区提供以废换绿、见缝插绿的树苗。2014 年，袁日涉同学联合北京 10 余所高校，组织了“首都高校节水联盟”，利用迎新接站的机会，面向北京高校新生进行节约用水宣传。

20 年来，她一直坚持并带动青少年开展植树、节水、爱鸟、限塑、阻击PM2.5 等环保活动，利用自己的奖金和回收废品的收入进行绿化捐种、慈善捐款、图书捐赠，多年来共植树和动员植树 120 余万棵。在她的影响下，参加志愿服务的同学多达 138 万人，其个人累计服务时长 11 400 余小时，先后获得第七届中国十大杰出志愿者、北京市“五四奖章”标兵等荣誉称号。

（资料来源：中国青年志愿者先进典型事迹（一）. 中国青年志愿者网，2019. 有改动）

（4）大型活动的志愿服务。改革开放以来，中国在发展经济、繁荣社会的同时，也积极参与重大国际活动，承担大国的社会责任。在这些大型赛事中除了参加人员，更多的就是我们的大学生志愿者的身影，他们代表着中国的新生代出现在各种场合，为各种国际、国内、省际的赛会提供服务。

（5）救援服务。中国志愿事业在长期的发展历程中积累了一定的日常服务和应急服务经验，打下了良好的基础。在应急救援服务中，大学生志愿者发挥了重要的作用。如在汶川地震灾区的大学生志愿服务是迄今为止参与人数最多的志愿服务行动。

案例分享

★★★★★

中国青年志愿者先进典型事迹（三）：陈建钧

陈建钧，男，蒙古族，中共党员，1986 年出生，现为鸿德乌鸡养殖孵化专业合作社理事长。

自 2009 年作为志愿者参加汶川灾后重建开始，其先后参与亚运会、云南鲁甸抗震救灾、上海世博会等志愿服务 40 余次，15 年累计社会无偿志愿服务超过 3 万小时，志愿足迹遍布全国 40 余座城市，累计行程 10 余万千米，被团中央《中华儿女》誉为“草原上走出的蒙古族雷锋”。2013 年，四川雅安芦山地震发生后，陈建钧第一时间组织内蒙古专业救援志愿者赶赴灾区奋战 3 个月，发起的“我为灾区孩子买双运动鞋”助学活动，得到全国各地志愿者及爱心企业响应，募捐到联想笔记本一体机 100 台、爱心书籍 3 万余册、运动鞋 400 余双，援建 12 栋爱心图书室。5 月 21 日，习近平总书记来到四川雅安芦山地震灾区看望群众，陈建钧向总书记汇报了救灾志愿服务工作，得到了总书记的肯定。

陈建钧的感人事迹先后被中央电视台、《人民日报》、《南方都市报》、《广州日报》等全国 40 余家主流媒体专题报道。2015 年，陈建钧获评第十届中国优秀青年志愿者个人奖、第二十二届中国青年五四奖章、2018 年度学雷锋志愿服务“四个 100”先进典型之“最美志愿者”等奖项和荣誉称号。

（资料来源：中国青年志愿者先进典型事迹（一）. 中国青年志愿者网，2019. 有改动）

（6）海外服务。根据团中央工作部署，我国从 2002 年开始向老挝选派 5 名青年志愿者，实施海外服务计划。

3. 大学生志愿服务途径

大学生志愿服务的主要途径包括学校统一组织、社会团体组织、学生自发组织、学生会社团等。专项途径有大学生志愿服务西部计划等。大学生志愿服务西部计划从 2003 年开始实施，按照公开招募、自愿报名、组织选拔、集中派遣的方式，每年招募一定数量的普通高等学校应届毕业生或在读研究生，到西部基层开展为期 1~3 年的教育、卫生、农技、扶贫等志愿服务。

拓展阅读

大学生志愿服务西部计划

西部计划按照服务内容分为基础教育、服务“三农”、医疗卫生、基层青年工作、基层社会管理、服务新疆、服务西藏 7 个专项。西部计划 2019 年实施规模为 20 000 人，其中包括 2 181 名第 21 届中国青年志愿者扶贫接力计划研究生支教团成员。

西部计划实施 16 年来，已累计选派 29 万余名大学生志愿者到中西部 22 个省（区、市）及新疆生产建设兵团的 2 100 多个县（市、区、旗）基层服务。西部计划实施以来，综合成效明显。其作为实践育人工程，引导具有理想主义情怀的青年人，通过火热的西部基层实践进一步坚定理想信念，锤炼意志品格，升华志愿情怀；作为就业促进工程，引导和帮助高校毕业生树立正确的就业观，并为他们搭建到西部去、到基层去、到祖国和人民最需要的地方去干事创业的通道和平台；作为人才流动工程，鼓励和引导东、中部大学生到西部基层工作生活，促进优秀人才的区域流动；作为助力扶贫工程，以西部计划志愿者为载体推动校地共建，引导高校资源参与到当地的脱贫攻坚工作中。

西部计划是国家重大人才工程“高校毕业生基层培养计划”的子项目，是引导和鼓励高校毕业生到基层工作的 5 个专项之一。党中央、国务院高度关心西部计划志愿者，高度重视西部计划和研究生支教团工作。习近平总书记曾多次作出批示或给志愿者回信，肯定志愿者们在西部地区辛勤耕耘、默默奉献，为当地经济社会发展、民族团结进步作出了贡献，勉励越来越多的青年人以志愿者为榜样，到基层和人民中去建功立业，让青春之花绽放在祖国最需要的地方，在实现中国梦的伟大实践中书写别样精彩的人生。

（资料来源：大学生志愿服务西部计划．中国青年志愿者网，2019．有改动）

（三）大学生志愿服务的发展目标

1．满足大学生发展需要

大学生志愿服务满足了大学生在社交、尊重和自我实现等方面的需要。大学生在参加志愿服务过程中与不同社会阶层和群体接触，可以扩大大学生的社会交际圈。志愿者在服务他人的过程中不断树立起自身的良好形象，赢得别人的爱戴，同时也肯定自己的价值，提升自我尊重意识，满足自身受尊重的需要。

2．提高大学生综合素质

大学生志愿活动内容与大学生所学专业知识密切联系起来，让学生能够走出课堂、学以致用，以此促进大学生学习进步的效果十分显著。大学生通过志愿服务活动可以培养自己的社会责任感和奉献精神，学习新的知识和技能，全面提高自身各方面的综合能力和综合素质，成长为德智体美劳全面发展的“四有”新人。

3．丰富思想政治教育载体

志愿服务是一种强调自愿性的活动，它突出了大学生的自主性，符合当代大学生的成长需要。大学生志愿服务作为高校思想政治教育的有效载体，是一种寓教育于实践的崭新形式，扩大了思想政治教育的覆盖面，有效提高了大学生思想政治教育的实效性、针对性和主动性。

案例分享

大学生志愿者，是社会志愿行动中的一支重要力量

在抗击疫情中，有这样一群大学生志愿者，在做好自我防护的前提下，以多种方式参与到防控工作中去。有的坚守在宣传一线为大家把疫情防控相关信息及时准确地发布出来；有的利用专业优势制作疫情防控宣传漫画，在网络上传递正能量；还有的回到家投入当地社区疫情防控工作中去。

“可以发挥专业特长来支持疫情防控工作”

此刻，中国人民大学环境学院2019级硕士生曹松林正在家乡武汉，和千千万万老乡一起，共同抵御疫情。可以为家乡做些什么？除了和学校一起，搭建“众志成城人大人，共战‘疫’情心连心”的活动，为前线同学传递正能量外，他还利用专业知识探索更多可能。

疫情之下，医疗废物处理、医疗废水和城镇生活污水监管、生态环境应急监测等都面临巨大挑战，曹松林还和老师同学们一起，研究疫情防控对环保治理体系与治理能力的挑战与应对。“未来，我们要研究的是如何利用生态扶贫助力乡村振兴，进一步加强人居环境整治，提升乡村基层组织的治理能力。”

“在志愿活动中，个体更能够感受到劳动和奉献的价值”

王静雅，是首都经济贸易大学劳动经济学院2017级人力资源管理班本科生。对她而言，这个假期最有意义的事情莫过于加入疫情防控志愿服务队伍。从2月2日报名当天开始，每天值班9个小时，她把这种参与感称为“被需要感”，这也是她一直坚持下去的动力所在。

王静雅的老家在山西晋城陵川县。在关注疫情的过程中，她了解到自己家所在的社区在招募疫情防控志愿者，想到自己是一名党员，便毫不犹豫地报名参加。“维护秩序，登记出入社区车辆和人员信息、测量体温、劝阻不戴口罩的居民等，都是一些力所能及的事情。老家的冬天格外冷，在室外登记车辆人员信息的过程中，手握不住笔、脚迈不出步的时候很多。想要放弃的时候看到大家仍然在坚守，这一幕给了我坚持的动力，也让我真切体会到了一线工作者在为我们负重前行；我也看到了公平公正、刚直不阿的品质在大家身上闪闪发光。”

（资料来源：大学生志愿者，抗疫队伍中的重要力量.光明日报，2020.有改动）

二、志愿服务技能

（一）沟通能力

沟通，是大学生走向社会的第一步。良好的沟通能力，是顺利完成志愿服务的第一步。培训可以加强大学生志愿者和被服务对象的沟通能力，培训大学生志愿者聆听他人意见，准确地表达自己意图；大学生志愿者与其他志愿者沟通得好，可以加强团队合作（图4–13），提高志愿服务的质量。

图4－13　劳动锻炼团队协作能力

（二）实践能力

大学生志愿者可以通过平时工作的经验积累和培训，以及争取一切机会与有经验的志愿者进行经验交流，提升大学生志愿者的实践能力，以促进志愿服务更好地进行。

首先，培养大学生志愿者解决问题的能力。培训可以提高大学生志愿者解决问题的能力，将自己在学校所学的专业知识与社会实践相结合，培养大学生志愿者抗挫折能力和提升自信心，提高面对实际的困难时冷静迅速处理和解决问题的能力。

其次，培养大学生志愿者的环境适应能力。大学生志愿服务的性质决定了大学生志愿者总是处在不同的社会环境中。所以，需要志愿者细心留意服务的环境，了解服务单位的规章制度，尽快地认清自己在这一环境中所要负担的工作，以尽快地进入志愿服务的状态。

（三）专业技能

对于一些专业性比较强的志愿服务工作，通过提供必要的岗前专业技能培训，可以防止大学生出现“虽有热情，但无能力”的情况出现，增强大学生志愿者社会实践和服务水平，加大对志愿者骨干的培训力度，提高志愿服务的实效性，强化服务效果，提高大学生志愿者的积极性。

拓展阅读

★★★★★

创新人才培养机制

国家层面应建立志愿服务组织人才示范培训机制，有条件的地区可依托高等院校、党校、团校等教育培训机构建立志愿者培训基地，加快培养一批长期参与志愿服务、熟练掌握服务知识和岗位技能的志愿者骨干，着力培养一批富于社会责任感、熟悉现代管理知识、拥有丰富管理经验的志愿服务组织管理人才。国家机关、群团组织、企事业单位、其他社会组织和基层群众性自治组织要积极支持本单位、本社区的专业人才加入志愿服务组织，开展志愿服务活动，不断优化志愿者队伍结构。志愿服务组织要注重招募、使用专业志愿者，建立健全志愿者日常管理培训制度，对于专业性要求高的志愿服务项目，要强化专业知识和技能培训，不断提高志愿者能力素质。引导志愿服务组织通过规范招募、科学管理、创新服务，培养、吸引和留住优秀志愿者。

（资料来源：关于支持和发展志愿服务组织的意见.新华社，2016.有改动）

第五节　实习实训

一、实习实训概述

扫一扫 看一看

（一）实习实训的概念

《职业学校学生实习管理规定》中对实习的定义为："由职业学校安排或经职业学校批准自行到企（事）业等单位进行职业道德和技术技能培养的实践性教育教学活动，包括认识实习、跟岗实习和顶岗实习等形式。"实训主要指在学校控制状态下，按照人才培养的目标，对学生进行职业能力训练的教学过程。实训的目的主要在于在实训环境下将学生的实操能力在理论的引导下锻炼并培养出来。实训是培养高技能型人才的关键教学环节，是对学生进行专业岗位技术技能培训与鉴定的重要的实践教学形式之一。实训的最终目的是全面提高学生的职业素质，最终达到学生满意就业、企业满意用人的目的。

（二）国内院校实习实训的模式

1．校内实习实训培养模式

学校根据课程培养目标、专业大纲计划，制定出实训课程要求。学生在所学专业内必须掌握多门课程知识，掌握多种技术技能，在特定的时间内进行装调、维修、做出成品等。学生通晓多方面的知识和技能，以后面对多种岗位需求能够短时间培训技能上岗，能力强的学生还能成为企业技术骨干（图 4－14）。但在校实训也有局限性，对学生来说模拟的实训和真实的实习有不同的感受。

图 4－14　劳动锻炼实践能力

2．订单式培养模式

许多企业出于用工的迫切和需求量，也为了省却培训员工的时间和场地，和学校进行订单式培养。学校按照企业用工的标准对学生进行理论和实践技能的培训，针对性和专业性非常强，学生按照标准完成课业后能够直接上岗进行实际工作。此模式需要学生和企业签订合同，即毕业后必须在企业工作几年，企业也会给在校的优秀学生颁发奖学金甚至提供学费，以此期望优秀的学生毕业后成为企业员工。

3．合作式培养模式

企业需要新鲜力量的注入，需要研发新产品、新技术、新设计，对技术工人的要求是年轻、有活力、肯学习、有冲劲，不会被习惯性、依赖性所影响。学校也需要企业来给学生进行毕业设计、毕业实习等提供岗位、提供机会，为学生的毕业增加砝码。合作式培养满足了企业、学校、学生三方面的需求，是很好的培养模式。

4．企业实训模式

企业实训一般安排学生毕业前半年到一年的时间在企业实习（图 4-15），巩固自己的理论知识，锻炼自己的技能，了解企业的产品，了解企业对员工的要求，了解企业的文化及员工升职的一些条件和福利，使学生对自己将来的职业规划有初步的想法，并且能够在企业环境里转变自己的身份。企业也需要吸收新鲜力量提高自己的技术水准，吸纳创新力量的融入。企业接纳学生，展示自己的企业内涵，也是一种向社会宣传自己的方式。

图 4-15　大学生在企业实习

5．工学交替模式

这种模式是学生在校学习—去企业锻炼—回到学校学习，一般安排在学生毕业前两年。在企业实训期间学生是双重身份，既是学生，又是职员。在企业的时候，他们把自己所学的知识和技能应用于实际岗位，同时他们可以学到很多在学校学不到的知识，当他们再次回到学校时，思想会发生一些转变，会让自己更加有紧迫感。

6．自主创业模式

自主创业一般是学生在毕业前半年到毕业后一年的时间内自己进行创业。职业学校对学生都有SYB（创办你的企业）、SIYB（创办和改善你的企业）等创业培训，给学生进行创业目的、创业准备、创业计划等全方位的培训，让那些有创造精神和有资金支持的学生能够自主创业。

案例分享

大学生实习的故事与困惑

故事一：

学生小A是专科生，大一时消沉懒散，老师百般劝说，他也难以改变，经常缺课睡懒觉，不参与任何比赛活动，成绩也岌岌可危，立于挂科边缘。去年暑期因缘际会，他去一个企业实习，估计是被虐了，回来以后和父母说自己要考专升本，要提升学历。开学后他再也不睡懒觉了，还时不时找老师求指点，有空也积极帮助集体做些事，晚上自己夹本书去上自习。同学们说他变了，好像换了个人。父母也难以置信。

一个人要想改变自己的状态，总需要一次强烈的刺激或特殊的际遇。除非你自己想清楚，不然别人很难说服你。经历，比道理更会讲道理。

故事二：

一个三本学生小B，就是在微博分享自己做的PPT，并与图书作者和出版社联系交流，得到作者推荐，拿到在出版集团实习的机会。要知道，这个实习机会以前只对名校学生开放。有很多学生觉得自己很不错，自我感觉良好，但等到求职受挫时，又很郁闷。

企业都很忙，没有时间透过你邋遢的外表去发现你有一颗想上进、想努力但还没有任何成果的心，要抓住一切机会展示自己。

故事三：

学生小C问：学校安排实习了，是去自己喜欢的一家企业，本来觉得挺不错，但是听说和自己处不来的一个室友也要去那里，瞬间有些不想去这个公司了。

你是去实习，不是去交朋友。每个人都有自己喜欢的人和不喜欢的人，你也一样，你室友会因为不想和你在一起就放弃理想的实习机会吗？人生短暂，干吗盯着那些不喜欢的人呢？未来公司里，大多数人都是你喜欢的，或者至少是你不讨厌的，但也有一部分人，是你无法喜欢的。这有什么关系呢？你总不能把不喜欢的人都辞退掉吧？喜欢就多沟通多来往，不喜欢就保持正常的职业交往。要学会搁置自己的情绪看问题。

故事四：

何帆老师在他的《大局观》一书里提到这样的一个分享：在哪里读书，是综合性大学还是文理学院，是公立学校还是私立学校，从长远来看对学生的职场表现并无本质的影响。几乎所有成功的学生都会提到两件事，对他们来说最为重要：

第一，他们在学校或职场里遇到真正关心他们、激励他们的导师。

第二，他们曾经有过至少一段实习经历，从实习当中发现自己的长处和短处，并且以此为基础找到人生目标。

简单来说，你的第一任师傅或对你影响最大的师傅非常重要，其会影响你的一些学习理念、工作理念。其次，在实践中学习真实地了解现实工作情况是怎样的，有助于我们更好地选择某个为之努力的行业。

实习能够帮助我们更好地了解一个行业、一个岗位，很多事情你不去亲自做一做，是很难了解它的真实情况的。实习不一定能立刻帮你找到最适合自己的岗位，但至少可以帮你排除掉一些你不喜欢、不擅长的岗位。

抓住实习的机会，多出去走一走、看一看、练一练，未来的路才能走得更准、更稳。

（资料来源：大学生实习的故事与困惑.中国大学生就业，2020.有改动）

二、高校大学生参与实习实训的主要途径

（一）科研院所实习实训

部分学校会组织学生赴合作单位科研院所开展短期实习，在院所导师、研究生的指导下，聆听院士、学者所作的科普报告、院所介绍，参观实验室，参加组会，协助处理研究所日常工作。特点是时间短，组织难度相对较小，适合低年级本科生，易于较大规模实施。

拓展阅读

2019 年中国科学院—香港青年实习计划

由香港特别行政区政府和中国科学院联合举办的“中国科学院—香港青年实习计划”始于 2018 年，2019 年是第二届（图 4-16）。中国科学院自动化所、计算所、软件所、微生物所、数学院和物理所组建了一支由 40 名科研人员组成的导师队伍，指导香港大学生参与了人工智能、数学、物理、生命科学等领域的 17 个课题研究与实践。

图 4-16　中国科学院—香港青年实习计划开学礼

实习过程中，香港大学生深入实验室，开展动手实践，在导师团队的悉心指导下完成了多项成果。例如，有的同学利用多模态磁共振成像数据，完成了不同脑区和全脑尺寸的个体化的脑图谱绘制；有的利用深度学习构建了人机对抗的智力游戏；有的在实验中摸索研究方法及手段，寻找新的超导材料等。

香港大学生代表孙沚扬表示，在国家顶级科研机构的实习令他受益匪浅，不仅开阔了眼界，而且提高了专业技能，自己将认真总结学到的知识与经验，应用到未来的学习与工作中。

中国科学院副秘书长高鸿钧说，当前国家的科技发展已经进入新时期，重大创新成果不断涌现，青年人扮演的角色也更加重要。通过在国家最高科学殿堂的实习，香港大学生有机会接触前沿科创成果，聆听著名科学家的教导，有助于充实知识储备，激发创新的动力与自信，并为香港与内地的科技合作搭建桥梁。

（资料来源："2019 年中国科学院—香港青年实习计划"在京结业.新华网，2019.有改动）

（二）企业公司实习实训

为增强大学生实践能力、创新精神和社会责任感的培养，学校通常会组织大学生到企业公司进行短期实习实训，一般为一个月以内，主要目的为深化课堂教学，让学生了解社会、接触生产实际，获取、掌握生产现场相关知识。同时目前很多企业会招聘实习岗位，大学生可利用假期、周末等空闲时间申请到企业实习以锻炼提升自己。

（三）创新创业实训

近年来，国家为支持大学生创新创业出台了一系列的政策措施，但是大学生在创业过程中最缺乏的不是资金，而是知识和技能，只有具备一定的能力才有成功的可能。目前很多高校设立创新创业实训中心，开设创新创业课程，以引领、扶持大学生创新创业为核心，通过组织大学生参加创业大赛、项目模拟等方式增强学生的认知感和创业意识，对大学生创新创业能力进行培养。

案例分享

★★★★★

钱立权：90后“设计男”的文艺创业之路

钱立权的创业路是从免费开始的。大一时，他通过为学院、社团设计集体服装发现了商机。尽管这一过程并没有赚到钱，但是他得到了大家的认可，开启了自己的“文创”之路。

2016年，钱立权毕业于湖北工业大学，获艺术学学士学位，同年考取该校艺术设计专业硕士。

在校期间，钱立权带领团队先后获得教育部“第三届中国‘互联网+’大学生创新创业大赛银奖”、武汉市“2017高创之星十强”、国台办“海峡两岸创新创业邀请赛三等奖”等荣誉。他个人已是武汉文化创新产业促进会会员，湖北省收藏家协会会员，武汉雅格创意文化传播有限公司、武汉雅格时代科技有限公司、湖北中豪广告有限公司这3家公司的执行董事。

他创办的武汉雅格创意文化传播有限公司是一家涵盖文创产品开发、线上教育网校+线下门店、创意设计三大板块的综合型文化创意公司。公司先后参与了20余家上市公司、政府开发区的文创产品研发与旅游形象规划设计，并对口联系嘉禾装饰等业内知名设计公司。另外，公司帮助近千名大学生走上工作岗位，并带动身边有创业理想的同学创业。

经过几年发展，钱立权的公司逐渐有了知名度。2017年8月，一家文创产品生产企业慕名而来，想让钱立权团队结合陕北南泥湾红色文化设计一套文创产品。钱立权前后易稿10多次，还多次前往陕北考察，经过4个多月的反复沟通，摆件、书签、雕塑等一套24件产品最终出炉。

钱立权介绍，他创办的公司不仅兼顾了文创产品设计与销售，还致力于设计类教育培训。前不久，他们开发的一套培训软件，取得了8项国家软件著作权。

在钱立权看来，21世纪是一个最好的时代，也是一个最坏的时代。信息过于扁平化对知识提出更高要求，很多传统行业都将被人工智能取代，对创业者的技术性、科学性提出更高要求。“我们创业之前一定要好好地准备。现在的人们只会注意阳光灿烂下的花枝招展，很少会注意狂风暴雨后的残枝碎叶。所以，一定要对一个行业了解3年以上再去创业，不要盲目创业。”

（资料来源：KAB创业俱乐部.专注成就梦想，90后“设计男”的文艺创业之路.中青在线，2018.有改动）

（四）政府部门、事业单位见习

为促进就业，增强大学生实践能力，各地市政府机关、事业单位通常在暑期、寒假组织大学生见习活动。实践学习能够让大学生将理论知识在实践中得到验证，培养灵活运用知识的能力，增加社会接触，扩充知识面，为毕业后顺利融入社会打下坚实基础。

拓展阅读

2019年共青团中央全国大学生实习“扬帆计划”

近日，共青团中央印发《关于进一步做好服务大学生就业工作 深入开展全国大学生实习“扬帆计划”的通知》（以下简称《通知》）。《通知》提出，按照《中长期青年发展规划（2016—2025年）》有关要求，共青团将发挥组织优势和育人功能，整合各级党政机关、企事业单位资源，为大学生提供实习岗位，帮助大学生在实习实践中深入了解国情社情，树立正确就业观，储备就业工作经验，为就业做好积极准备，实现更高质量和更加充分的就业。

据了解，“扬帆计划”分为政务实习、企业实习两部分内容，将分级、分层次组织实施开展。团中央将协调中央和国家机关、部分大型国有企业、大型知名民营企业，在全国范围内为在校大学生提供实习岗位，同时组织开展中央和国家机关实习工作。各省级团委将协调省直机关和本地企业，为区域内在校大学生提供实习岗位，同时组织开展本地实习工作。“扬帆计划”还将开展职场体验系列活动，组织在校大学生走进大型知名企业，通过访问交流、高管分享、模拟面试等感受真实职场生活。

据悉，“扬帆计划”将于每年的7—8月集中开展，在校大学生可向所在学校团组织了解情况、报名参加。

（资料来源：共青团中央启动全国大学生实习“扬帆计划”.中国青年报，2019.有改动）

（五）海外研修实习实训

有条件的高校和海外合作院校或海外知名企业签订合作项目，定期选拔一定数量的学生到海外进行短期实习实训，一方面了解、学习国外先进知识和技术；另一方面了解海外文化，提升综合素质，提升就业竞争力。

课后思考

1. 作为新时代的大学生，你是如何理解低碳生活的？

2. 在日常的学习生活中，你能否真正做到低碳呢？

3. 你是否见过校园中有以下浪费现象？你是否也曾这样做过？

（1）洗手间的水龙头滴滴答答地滴水，却无人问津。

（2）学生宿舍没有人，灯还一直亮着。

（3）食堂餐桌上放着的餐盘中有未吃一口的包子。
（4）打印纸张只用单面便丢弃。
（5）一次性筷子、餐盒堆积在垃圾箱里。
（6）笔芯没用完就被丢弃。
4. 勤工助学对大学生个人发展有哪些促进作用?
5. 如何正确认识大学生志愿服务?
6. 新时代大学生应如何积极参与到志愿服务当中去?
7. 新时代大学生实习实训的途径包括哪些?结合自身实习经历，谈谈实习对自己的帮助。
8. 调查了解你身边参与志愿服务的典范，并举例分析。

第五章

为劳动者筑牢安全防线

知识导航

- 了解劳动者的权利与义务、劳动者在劳动过程中存在的安全隐患、劳动防护用品的正确使用方法及一般的急救常识
- 培养全面对待劳动相关问题的能力，具有对自己和他人进行劳动保护的基本技能
- 认识到提高劳动技能的紧迫性和遵守劳动过程中的职业道德的重要性，培养对社会的责任感，从思想上、知识上、身体上为未来就业做好准备

提升认知

★★★★★

第一节　劳动者的权利与义务

扫一扫 看一看

为了保护劳动者的合法权益，调整劳动关系，建立和维护适应社会主义市场经济的劳动制度，促进经济发展和社会进步，根据宪法制定的《中华人民共和国劳动法》，于 1994 年 7 月 5 日第八届全国人民代表大会常务委员会第八次会议通过，自 1995 年 1 月 1 日起施行，并根据 2009 年 8 月 27 日第十一届全国人民代表大会常务委员会第十次会议《关于修改部分法律的决定》第一次修订、根据 2018 年 12 月 29 日第十三届全国人民代表大会常务委员会第十七次会议《关于修改〈中华人民共和国劳动法〉等十部法律的决定》第二次修订。

一、劳动者的权利

《中华人民共和国劳动法》规定了劳动者在劳动关系中的各项权利，主要有以下几个方面。

（1）劳动者有平等就业的权利（图 5-1）。劳动者有平等就业的权利是指具有劳动能力的公民，有平等地获得职业的权利。劳动是人们生活的第一个基本条件，是创造物质财富和精神财富的源泉。劳动就业权是有劳动能力的公民获得参加社会劳动和切实保证按劳取酬的权利。公民的劳动就业权是公民享有其他各项权利的基础劳动者有选择职业的权利。如果公民的劳动就业权不能实现，其他一切权利也就失去了基础。

图 5-1　劳动者享有平等就业的权利

（2）劳动者有选择职业的权利。其是指劳动者可根据自己的意愿选择适合自己才能、爱好的职业。劳动者拥有自由选择职业的权利，有利于劳动者充分发挥自己的特长，促进社会生产力的发展。劳动者在劳动力市场上作为就业的主体，具有支配自身劳动力的权利，可根据自身的素质、能力、志趣和爱好，以及市场资讯，选择用人单位和工作岗位。选择职业的权利是劳动者劳动权利的体现，是社会进步的一个标志。

（3）劳动者有取得劳动报酬的权利。随着劳动制度的改革，劳动报酬成为劳动者与用人单位所签订的劳动合同的必备条款。劳动者付出劳动，依照合同及国家有关法律取得报酬，是劳动者的权利。而及时定额地向劳动者支付工资，则是用人单位的义务。用人单位违反这些应尽的义务，劳动者有权依法要求有关部门追究其责任。获取劳动报酬是劳动者持续地行使劳动权不可少的物质保证。

（4）劳动者有权获得劳动安全卫生保护的权利。这是保证劳动者在劳动中生命安全和身体健康，是对享受劳动权利的主体切身利益最直接的保护。其包括防止工伤事故和职业病。如果企业单位劳动保护工作欠缺，其后果不仅是某些权益的丧失，而且是劳动者健康和生命直接受到伤害。

（5）劳动者享有休息的权利。我国宪法规定，劳动者有休息的权利，国家发展劳动者休息和休养的设施，规定职工的工作时间和休假制度。

（6）劳动者享有社会保险和福利的权利。疾病和年老是每一个劳动者都不可避免的。社会保险是劳动力再生产的一种客观需要。《中华人民共和国劳动法》规定，劳动保险包括养老保险、医疗保险、工伤保险、失业保险、生育保险等。但目前我国的社会保险还存在一些问题，社会保险基金制度不健全，国家负担过重，社会保险的实施范围不广泛，发展不平衡，社会化程度低，影响劳动力合理流动。

（7）劳动者有接受职业技能培训的权利。我国宪法规定，公民有受教育的权利和义务。所谓受教育既包括受普通教育，也包括受职业教育。公民要实现自己的劳动权，必须拥有一定的职业技能，而要获得这些职业技能，越来越依赖于专门的职业培训。因此，劳动者若没有职业培训权利，那么劳动就业权利也就成为一句空话。

（8）劳动者有提请劳动争议处理的权利。劳动争议是指劳动关系当事人，因执行《中华人民共和国劳动法》或履行集体合同和劳动合同的规定引起的争议。劳动关系当事人，作为劳动关系的主体，各自存在着不同的利益，双方不可避免地会产生分歧。用人单位与劳动者发生劳动争议，劳动者可以依法申请调解、仲裁、提起诉讼。劳动争议调解委员会由用人单位、工会和职工代表组成。劳动仲裁委员会由劳动行政部门的代表、同级工会、用人单位代表组成。解决劳动争议应该贯彻合法、公正及时处理的原则。

（9）法律规定的其他权利。法律规定的其他权利包括依法参加和组织工会的权利，依法享有参与民主管理的权利，依法享有参加社会义务劳动的权利，从事科学研究、技术革新、发明创造的权利，依法解除劳动合同的权利，对用人单位管理人员违章指挥、强令冒险作业有拒绝执行的权利，对危害生命安全和身体健康的行为有权提出批评、举报和控告的权利，对违反劳动法的行为进行监督的权利等。

案例分享

劳动保障案例分析

2015 年 6 月 1 日，刘某入职某大型连锁酒店有限公司任分店经理，并签订 2 年期的劳动合同。2019 年 1 月 16 日，该公司以电子邮件方式告知刘某因其分店销售业绩和服务质量在区域中排名持续靠后，决定与其解除劳动关系，按《中华人民共和国劳动合同法》相关规定支付经济补偿金、代通知金合计 5 个月工资 35 000 元，并附上离职表、解除劳动合同协议要求刘某签名回寄。刘某收到邮件后，曾多次以电子邮件方式与公司沟通拒绝接受解除劳动关系事宜，未果。3 月初，刘某的代理人梁某多次到公司吵闹，称公司在 2017 年 5 月 31 日合同期满后并未与刘某续签劳动合同，现在还单方面强迫解除劳动关系，且刘某已有 2 个多月身孕，公司无故解聘造成刘某情绪极度抑郁，要求公司支付刘某 1~3 月工资、工资滞纳金、违法解雇的双倍经济补偿金、法定年假工资、法定节假日工资、孕期哺乳期工资、加班工资、未续签劳动合同的双倍工资及精神损失费等合计 46 万余元。3 月 30 日，某中队接“110”联动通报，梁某再次来到公司吵闹，某中队立刻派员到场协调。在协调过程中，公司人事总监曹某表示，公司愿意继续履行原合同，或者在合情合理合法的前提下跟刘某协商补偿问题。多次协商后，由于刘某所提出的赔偿标准远远超出公司预期，公司因财务审计方面的原因无法继续同意刘某所提出的条件，表示希望能通过劳动仲裁解决此纠纷。梁某表示，是否通过法律途径解决是他们应有的权利，并不需由单位或政府部门决定，如单位不愿意私下协商解决，只要单位出具一份签发日期为 3 月 30 日的解除劳动关系通知书，剩下的法律程序他们自己会走。

本案例主要存在以下两点争议：

一是解除劳动关系的时间存在争议。

在本案例中，用人单位认为他们已于 1 月 16 日以电子邮件形式通知劳动者解除劳动合同，并将补偿方案一并发给劳动者，劳动者也对邮件进行了回复。在此之前，人事部也以电话形式与刘某进行过沟通，不存在说刘某不清楚公司解除与其的劳动关系。由于行业的特点，用人单位下属的酒店分布全国各地，日常的工作沟通主要是通过电子邮件和电话进行，解除劳动关系通知书通过邮递或纸质方式会存在时间误差的问题，难以实际操作，故双方劳动关系应在 1 月 16 日终止。劳动者认为 1 月 16 日只是用人单位单方面提出解除劳动关系，双方并未就赔偿问题达成一致，还处于协商阶段，且用人单位并未出具纸质的解除劳动关系通知书，双方劳动关系的解除应为纠纷协商完结之日。

根据《中华人民共和国劳动合同法》及《中华人民共和国劳动合同法实施条例》有关规定，用人单位应当在解除或终止劳动合同时出具解除或终止劳动合同的证明，并写明劳动合同期限、解除或终止劳动合同的日期、工作岗位、在本单位的工作年限。随着信息技术的日益发展，电子邮件系统广泛应用在日常的工作当中。在此案例中，用人单位以电子邮件方式通知劳动者解除劳动关系应视为正式解除，但事后应书面送达劳动者。

二是解除劳动关系合法性的争议。

在本案例中，用人单位以劳动者分店销售业绩和服务质量在区域中排名持续靠后为由，决定解除其劳动关系。

《中华人民共和国劳动合同法》规定：“劳动者不能胜任工作，经过培训或调整工作岗位，仍不能胜任工作的”，用人单位才能解除劳动关系。而且劳动者称自己已有 2 个月身孕，《中华人民共和国劳动合同法》规定："女职工在孕期、产期、哺乳期的，用人单位不得解除劳动合同。"本案例中，用人单位涉嫌违法解除劳动合同，应按《中华人民共和国劳动合同法》向劳动者支付赔偿金。虽然用人单位表示愿意继续履行合同，但由于劳动者自身原因，不愿继续履行，用人单位还是要按《中华人民共和国劳动合同法》规定支付双倍补偿金。

用人单位随着员工增多，进行裁减属于企业的内部事务。但裁减之前，须慎重考虑。无论是劳动者违反单位规章制度，还是不能胜任工作的，都必须按照国家法律法规进行处理。用人单位不要盲目按照自身规章制度执行，对自身的违法行为而茫然不知。在解除劳动关系之前，应该聘请专业人员分析其中的利弊，能够协商尽量协商，以减少矛盾的发生。

（资料来源：胡钟华，竺照轩．大学生就业指导．北京：机械工业出版社，2020.有改动）

二、劳动者的义务

劳动者的义务是指劳动者必须履行的义务。劳动义务是指《中华人民共和国劳动法》规定的对劳动者必须做出一定行为或不得做出一定行为的约束。权利和义务是密切联系的，任何权利的实现总是以义务的履行为条件，没有权利就无所谓义务，没有义务就没有权利。劳动者有劳动就业的权利，而劳动者一旦与用人单位发生劳动关系，就必须履行其应尽的义务，其中最主要的义务就是完成劳动生产任务。这是劳动关系范围内的法定的义务，同时，也是强制性义务。劳动者不能完成劳动义务，就意味着劳动者违反劳动合同的约定，用人单位可以解除劳动合同。《中华人民共和国劳动法》规定了劳动者的各项权利，同时也要求劳动者履行以下基本义务。

（1）完成劳动任务——最基本的义务。

（2）提高职业技能。

（3）执行劳动安全卫生规程。

（4）遵守劳动纪律。

（5）遵守职业道德。

在社会主义制度下，劳动者的权利与义务是统一的。在社会主义制度下，每一位劳动者都是国家的主人。劳动者的主人翁地位是由劳动者享有的基本权利和劳动者履行的基本义务构成的，是通过劳动者的权利和义务体现出来的。劳动者的权利和义务是相互依存、不可分离的。劳动者在享受法律规定的权利的同时，还必须履行法律规定的义务。只有坚持权利和义务的统一，才能充分体现劳动者主人翁地位。

三、劳动者权利的主要实现方式

一般来说，从实力对比看，劳动关系的两个主体——劳动者和用人单位，劳动者往往处于弱势，用人单位则处于相对的强势。为了使法律规定的劳动者权利得到切实的实现，我国采取了工会和职工代表大会的组织形式，由其代表职工和组织职工参加国家和社会事务的管理，以及在企业中组织和代表职工参与企业的决策和管理。显然，工会和职工代表大会是代表与维护劳动者权益的主要组织，是劳动者实现劳动权利的主要途径之一。

从工会和职工代表大会的作用和地位看，职工代表大会可代表劳动者具体行使下列职权。

（1）听取和审议厂长关于企业的经营方针、年度计划、基本建设方案、重大技术发行方案、职工培训计划、留用资金分配和使用方案、承包和租赁经营责任制方案的报告，提出意见和建议。

（2）审查同意或否决企业的工资调整方案、奖金分配方案、劳动保护措施、奖惩办法及其他重要的规章制度。

（3）审议决定职工福利基金使用方案、职工住宅分配方案和其他有关职工生活福利的重大事项。

（4）监督企业各级行政领导干部，提出奖惩和任免建议。

（5）根据政府主管部门的决定选举厂长，报政府主管部门批准。

第二节　劳动防护用品

扫一扫　看一看

劳动防护用品是为了保护工人在生产过程中的安全和健康而发放给劳动者个人使用的防护用品，用于防护有灼伤、烫伤或容易发生机械外伤等危险的操作；用于防护在强烈辐射或低温条件下的操作；用于防护散放毒性、刺激性、感染性物质或大量粉尘的操作等。正确佩戴劳保用品可以使从业人员在劳动过程中避免遭受或减轻事故伤害及职业危害（图 5-2），是保障从业人员人身安全与健康的重要措施，也是保障生产经营单位安全生产的基础。

图 5-2　酷暑中全副武装的绿化员工

一、劳动防护用品的分类

劳动防护用品可分为头部护具、呼吸护具、眼部护具、听力护具、脚部护具、手部护具、身体护具、防坠落护具、护肤用品九类。

（1）头部护具。头部护具是用于保护头部，防撞击、防挤压伤害、防物料喷溅、防粉尘等的护具。其主要有玻璃钢、塑料、橡胶、玻璃、胶纸、防寒和竹藤安全帽及防尘帽、防冲击面罩等。

（2）呼吸护具。呼吸护具是预防尘肺和职业病的重要防护品。

（3）眼部护具。眼部护具用以保护作业人员的眼睛、面部，防止外来伤害。其可分为焊接用眼部护具、炉窑用眼护具、防冲击眼护具、微波防护具、激光防护镜及防X射线、防化学、防尘等眼部护具。

（4）听力护具。长期在90 dB（A）以上或短时在115 dB（A）以上环境中工作时应使用听力护具。听力护具有耳塞、耳罩和帽盔3类。

（5）脚部护具。脚部护具是防止足部伤害，有防滑鞋、防滑鞋套、防静电安全鞋、钢头防砸鞋等。

（6）手部护具。手部护具用于手部保护，主要有耐酸碱手套、电工绝缘手套、电焊手套、防X射线手套、石棉手套、丁腈手套等。

（7）身体护具。身体护具用于保护职工免受劳动环境中的物理、化学因素的伤害。身体护具可分为特殊防护服和一般作业服两类。

（8）防坠落护具。防坠落护具用于防止坠落事故发生。其主要有安全带、安全绳和安全网。

（9）护肤用品。护肤用品用于外露皮肤的保护。其可分为护肤膏和洗涤剂。

二、劳动防护用品的使用及注意事项

（一）安全帽

安全帽（图5-3）的作用是保护头部不受到坠物和特定因素引起的伤害。其由帽壳、帽衬、下颌带及其附件组成。安全帽具有缓冲减震作用和分散应力作用，在受到外力的冲击后，最大限度地保护头部不受伤害。

图5-3 安全帽

安全帽正确使用方法如下。

（1）安全帽在佩戴前，应调整好松紧大小，以帽子不能在头部自由活动，自身又未感觉不适为宜。

（2）安全帽由帽衬和帽壳两部分组成。帽衬必须与帽壳连接良好，同时帽衬与帽壳不能紧贴，应有一定间隙，该间隙一般为2~4厘米（视材质情况），当有物体落到安全帽壳上时，帽衬可起到缓冲作用，不使颈椎受到伤害。

（3）必须拴紧下颌带，不至于脱落。由于安全帽戴在头部，可以起到对头部的保护作用。

（4）应戴正，帽带系紧，帽箍的大小应根据佩戴人的头型调整箍紧；女生佩戴安全帽应将头发放进帽衬里。

（二）呼吸护具

呼吸防护用品是防止空气缺氧和有毒、有害物质被吸入呼吸器官时对人体造成伤害的个人防护装备，是预防尘肺和职业病的重要护具。常用的有防尘口罩和防毒面具。

1. 防尘口罩

防尘口罩（图 5-4）是从事和接触粉尘的作业人员必不可少的防护用品。防尘口罩可分为多次使用型和一次使用型。在有粉尘环境下工作，作业者必须佩戴防尘口罩。过滤式防尘口罩的作用仅仅是过滤空气中的有害物质，对缺氧空气环境提供不了任何保护作用，因此不能用于缺氧环境和有毒环境及具有挥发性颗粒物的环境。防尘过滤组件的使用寿命受颗粒物浓度、使用者呼吸频率、过滤组件规格及环境条件的影响，当呼吸阻力逐渐增加以致不能使用时，应按要求更换过滤组件。

2. 防毒面具

防尘口罩只能防尘，防毒面具（图 5-5）可以防护有毒气体、吸附气味，且防护性能更强，全面罩防毒面具可以防护呼吸系统、面部、眼睛等。当作业场所空气中氧含量大于 19%，且有毒有害气体浓度没有超标的情况下可以使用防毒面具。

图 5-4　防尘口罩

图 5-5　防毒面具

使用防毒面具时的注意事项有以下几点。

（1）使用前要进行气密性检查，使用者戴好面具后，用手堵住进气口，同时用力吸气，若感到闭塞不透气时，说明面具是基本气密的。

（2）正确佩戴，选择合适的规格，使罩体边缘与脸部贴紧。使用时必须记住，事先拔去滤毒罐底部进气孔的胶塞，否则易发生窒息事故。

（3）专人保管，使用后及时消毒。

（三）防护眼镜

1．防护眼镜（图 5-6）的作用

（1）防止异物进入眼睛。

（2）防止化学性物品的伤害。

（3）防止强光、紫外线和红外线的伤害。

（4）防止微波、激光和电离辐射的伤害。

图 5-6　防护眼镜

2．防护眼镜使用前的检查事项

（1）检查镜片是否容易脱落。

（2）透镜表面应充分研磨，不得有以肉眼可看出的伤痕、纹理、气泡、异物等。

（3）戴上透镜时，影像应绝对清晰，不得模糊不清。

3．防护眼镜使用的注意事项

（1）宽窄和大小要适合使用者的脸型。

（2）镜片磨损、镜架损坏，应及时调换。

（3）专人使用，防止传染眼病。

（4）焊接防护面罩的滤光片和保护片要按规定作业需要选用和更换。

（5）防止重摔重压，防止坚硬的物体摩擦镜片和面罩。

4．防护眼镜的维护方法

（1）不能随意搓擦透镜以免刮伤，使用特制眼镜布者除外。

（2）拿取眼镜时一定要用双手，从脸颊的正面戴上或取下，以免镜框变形。

（3）摘下眼镜必将上端朝下放稳（镜架和镜框的上端朝下）。

（4）眼镜放入保管箱（柜子、盒子等）时，先折叠左耳支架。

（5）建议近视者配安全眼镜时，依眼科医师处方指示配镜。

（6）存放时，镜片应朝向不易被刮伤、手不易碰触、不易被污染的方向。

（7）更换配件时应以同厂牌为主，尤其是遮光透镜不可更换不合格品，以免伤害眼睛。

（8）镜片应随时保持清洁，手指不可碰触，以免影响视线。

（9）清洗镜片可用温水、肥皂水、专用清洗剂或超声波眼镜洗净器。

（10）使用防雾镜片前应撕去内外层保护膜，可增长使用寿命。

（11）防激光安全眼镜暴露在非常强的能量或功率密度下会失去其有效性，应丢弃换新。

（四）听力护具

听力护具主要有两大类：一类是置放于耳道内的耳塞，用于阻止声能进入；另一类是置于耳外的耳罩，限制声能通过外耳进入耳鼓及中耳和内耳。需要注意的是，这两种保护器具均不

能阻止相当一部分的声音通过头部传导到听觉器官。

1. 耳塞

耳塞（图 5-7）在使用后要注意清洁，也要注意耳塞和使用者的耳道是否匹配。虽然耳塞有多种不同的尺寸，但要由经过考核的人员来决定佩戴者应使用的尺寸。因为各人的耳道大小不一，所以要用不同尺寸的耳塞。

耳塞的佩戴方法如下。

（1）耳塞需做卷折。

（2）一手绕过后脑，轻提耳部顶端。

（3）另一手轻柔地将耳塞推入耳道至适当深度。

（4）待耳塞膨胀恢复原状。

2. 耳罩

耳罩（图 5-8）由可以盖住耳朵的套子和放在头上来定位的带子组成。套子通常装有树脂塑胶泡沫材料，可达到将耳朵密封起来的效果。套子里填充了吸声材料。耳罩的密封性取决于耳罩的设计、密封的方法及佩戴的松紧程度。

图 5-7　耳塞

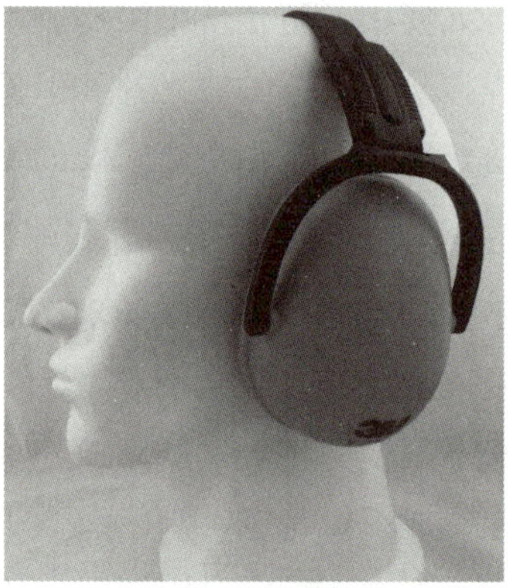

图 5-8　耳罩

耳罩的佩戴方法如下。

（1）使用耳罩时，应先检查罩壳有无裂纹和漏气现象。

（2）佩戴时应注意罩壳的穿戴方法，顺着耳廓的形状戴好。

（3）将连接弓架放在头顶适当位置，尽量使耳罩软垫圈与周围皮肤相互密合。

（4）如不合适时，应稍事移动耳罩或弓架，使其调整到合适位置。需要注意的事项是，无论戴耳塞还是耳罩，均应在进入噪声场所前戴好，在噪声区不得随意摘下，以免伤害耳膜。如确需摘下，应在休息时或离开后，到安静处取出耳塞或摘下耳罩。

（五）防护鞋

防护鞋（图 5-9）具有防物体砸伤或刺割、防化学性伤害、防高低温伤害、防触电伤害、防静电等作用。在使用时注意不得擅自修改安全鞋的构造；要穿着合适尺码的安全鞋；要注意个人卫生，保持脚部及鞋履清洁干爽；要定期清理安全鞋；贮存时将安全鞋放于阴凉、干爽和通风良好的地方。

图 5-9　火锅店员工防滑安全鞋

（六）防护手套

防护手套（图 5-10）具有防止火与高温、低温的伤害，防止电磁与电离辐射的伤害，防止电、化学物质的伤害，防止撞击、切割、擦伤、微生物侵害及感染等作用。厚帆布手套多用于高温、重体力劳动，如炼钢、铸造等工种；薄帆布、纱线、分指手套主要用于检修工、起重机司机和配电工等工种；翻毛皮革长手套主要用于焊接工种；橡胶或涂橡胶手套主要用于电气、铸造等工种。

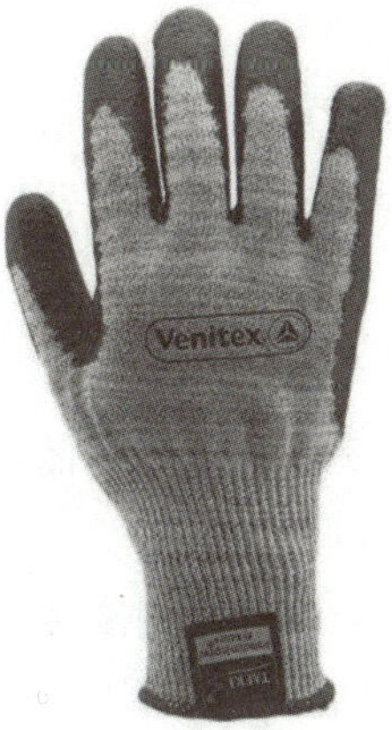

防穿刺、防滑的防护手套

耐高温的防护手套

图 5-10　防护手套

拓展阅读

★★★★★

防护手套使用的注意事项

（1）使用前检查手套是否损坏。

（2）带电作业用绝缘手套，要根据电压选择适当的手套，检查表面有无裂痕、发黏、发脆等缺陷，如有异常禁止使用。

（3）电、火焊工作业时戴的防护手套，应检查皮革或帆布表面有无僵硬、薄档、洞眼等残缺现象，如有缺陷，不准使用。手套要有足够的长度，手腕部不能裸露在外。

（4）摘下已污染的手套时应避免污染物外露及接触皮肤。

（5）再用式手套用后应彻底清洁及风干。

（6）选择适当尺码的手套，以免妨碍动作或影响手感。

（7）手套保存的地方应避免高温、高湿场所，焊工手套不能洗，并且不要密封在塑料袋内以免变质或发霉。

（8）避免重物压放或折叠存放。

（9）电用橡胶手套若接触油污，应立即以酒精清洗，若以水清洗时，要立即用干布擦拭，并放置于阴凉处风干。

（10）不能使用石油类有机溶剂清洁。

（11）避免受到太阳直接照射。

操作各类机床或在有被夹挤危险的地方作业时严禁戴手套。

（资料来源：作者根据相关资料整理改写）

（七）防护服

防护服由上衣、裤子、帽子等组成，设计成适宜的尺寸和形状。设计尺寸和形状及组合方式以有效地阻断有害物侵入为准，可以是连身式结构，也可以是分体式结构。防护服应结构合理，便于穿脱，结合部位严密。

1.防护服的选用、储备原则

我国防护服的国家标准目前正在制定过程中，现尚无防护服标准体系，所以在选用时应遵循下列原则。

（1）评估可能遇到的现场环境情况（毒物的种类、浓度、需要接触的时间及环境）。

（2）挑选出可能用在相应现场条件下具有防护作用的防护服或用于制造防护服的材料。

（3）对候选的防护服在相应现场条件下测试。

（4）根据测试结果，确定适合的防护材料或防护服，做出使用条件标识以备应用。

（5）应观察、测试洗消方法和重复性利用后的特征改变情况，决定是否可以重复使用及使用的次数。

在实际应用中，一些厂家已经将产品特征做了说明，用户可以根据说明书或标签上的适用范围和提示来使用。防护服可以是一次性的，也可以是限次使用的。对可以多次使用的防护服要在每次使用后对防护服进行洗消处理并对其性能进行检查。

2. 各类现场防护服的选用

（1）传染病疫情现场和患者救治中的防护（图5-11）。在传染性疾病的控制过程中，防护服的功用是为现场疾病控制、卫生监督和临床急救工作人员接触到具有潜在感染性的现场环境、患者的血液、体液、分泌物、排泄物等提供阻隔防护。在设计上除要满足穿着舒适和对颗粒物隔离效率的要求外，还应对防水性、透湿量、抗静电性、阻燃性等有较高的要求。现场使用的防护服应符合中华人民共和国国家标准《医用一次性防护服技术要求》（GB 19082—2009）的要求。在现场使用中，防护服内仅需穿着柔软保暖的棉织内衣即可，无须穿多套防护服。目前医疗机构制作的隔离服穿透性高，且其他性能难以判定，性能会随着使用次数的增加有所下降，所以不建议使用。

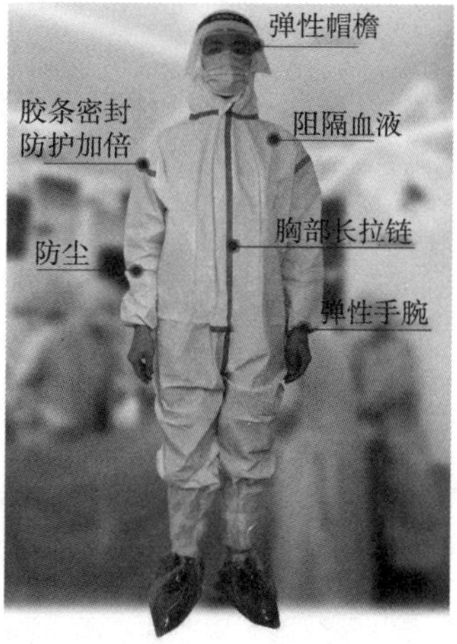

图5-11　医用防护服

（2）放射性尘埃的现场防护。放射性尘埃的防护一般用C级防护服即可，要求具有颗粒物隔离功能。

放射现场在处置过程中，防护服的功用是为现场工作人员接触到放射性废物、放射性尘埃提供阻隔防护。在设计上，除要满足穿着舒适性和严格的颗粒物隔离效率外，特别要达到表面光滑皱褶少，对防水性、透湿量、抗静电性和阻燃性也有较高的要求。根据放射性污染源的种类和存在方式及浓度，可对各防护参数提出具体要求。此类防护服要求帽子、上衣和裤子联体，袖口和裤脚采用弹性收口。防护服仅能阻隔放射性尘埃、放射性废物，无防辐射的功效。

（3）化学物泄漏和中毒现场的防护。在化学物泄漏和中毒现场处置过程中，防护服的功用是为现场工作人员接触到现场有害化学物和空气中存在的有害气体、尘埃、烟、雾等提供阻隔防护。

根据毒源类型和环境状况，化学事故现场可分为热区、温区和冷区。在每个区域内所需要的防护有所不同，一个区域内使用的防护服不能够到其他区域使用。

防护服的选用原则应依据泄漏物的种类、存在的方式、环境条件及浓度等综合考虑。对具有腐蚀性气态物质（蒸汽、粉尘、烟雾等）存在的现场，防护服要具有耐腐蚀性、高隔离效率和一定的防水性，同时要求衣裤连体，袖口和裤脚有较好的密合性等；对于非蒸发性的固态或液态化学物，仅需要穿着有一定隔离效率的防护服即可。防护服可参照生产厂家产品说明书中的各技术参数和应用范围选用。

（4）不明原因事故现场。事件发生的初期致害因素不明或在其浓度、存在方式不详的情况下，应按照最严重事件的要求进行防护。防护服要衣裤连体，具有高效液体阻隔效能（防化学物）、过滤效率高、防静电性能好等。此类防护服使用后要封存，等待事件性质明确后按照相应的类别处理。

（八）防坠落护具

防坠落护具主要用于防止坠落事故发生。其主要有安全带、安全绳和安全网。

1．安全带

安全带一般有建筑安全带和电工安全带（图 5-12）。

图 5-12　电工安全带

（1）建筑安全带是防止高处坠落的安全用具。高度超过 1.5 米，没有其他防止坠落的措施时，必须使用安全带。建筑安全带的使用规范如下。

①高挂低用。

②过去安全带用皮革、帆布或化纤材料制成，按国家标准现已生产了锦纶安全带。按工作情况可分为高空作业锦纶安全带、架子工用锦纶安全带、电工用锦纶安全带等种类。

③安全带要正确使用，不要扭曲。三点式腰部安全带应系得尽可能低一些，最好系在髋部，不要系在腰部；肩部安全带不能放在胳膊下面，应斜挂胸前。

（2）电工安全带是电工作业时防止坠落的安全用具。电工安全带的使用规范如下。

①安全带使用期一般为 3~5 年，发现异常应提前报废。

②安全带的腰带和保险带、绳应有足够的机械强度，材质应有耐磨性，卡环（钩）应具有保险装置。保险带、绳使用长度在 3 米以上的应加缓冲器。

③使用安全带前应进行外观检查，即组件完整、无短缺、无伤残破损；绳索、编带无脆裂、断股或扭结；金属配件无裂纹、焊接无缺陷、无严重锈蚀；挂钩的钩舌咬口平整不错位。保险装置完整可靠；铆钉无明显偏位，表面平整。

④安全带应系在牢固的物体上，禁止系挂在移动或不牢固的物件上。不得系在棱角锋利处。安全带要高挂和平行拴挂，严禁低挂高用。

⑤在杆塔上作业时，应将安全带后备保护绳系在安全牢固的构件上（带电作业视其具体任务决定是否系后备安全绳），不得失去后备保护。

2. 安全绳

安全绳是用来保护高空及高处作业人员人身安全的重要防护用品之一。正确使用安全绳是防止现场高空工作人员高空跌落伤亡事故、保证人身安全的重要措施之一。

（1）安全绳的正确使用方法如下。

①将安全绳带或逃生软梯一端固定在牢固的物体上，另一端挂扣在安全带上或缠绕在腰部。系好安全钩，并将安全绳顺着窗口抛向楼下。

②戴上防护手套双手握住安全绳带，左脚面勾住窗台，左脚蹬外墙面，待人平稳后，左脚移出窗外。

③两腿微弯，两脚用力蹬墙面的同时，双臂伸直，双手微松，两眼注视下方，沿安全绳带下滑。

④当快接近地面时，右臂向前弯曲，勒紧绳带两腿弯曲，两脚尖先着地。

（2）使用安全绳时需要注意以下几个方面。

①严格禁止将麻绳作为安全绳来使用。

②如果安全绳的长度超过 3 米，一定要加装缓冲器，以保证高空作业人员的安全。

③两个人不能同时使用一条安全绳。

④在进行高危作业时，为了使高空作业人员在移动中更加安全，在系好安全带的同时，要挂在安全绳上。

3. 安全网

安全网是在进行高空建筑施工设备安装时，在其下或其侧设置的起保护作用的网，以防止因人或对象坠落而造成的事故。安全网由网体、边绳、系绳和筋绳构成。

使用安全网时要注意以下几点。

（1）要选用有合格证的安全网。

（2）安全网若有破损、老化应及时更换。

（3）安全网与架体连接不宜绷得太紧，系结点要沿边分布均匀、绑牢。

（4）立网不得作为平网使用。

（5）立网必须选用密目式安全网。

（九）护肤用品

皮肤防护用品在一般生产中很少用到，它主要是针对一些对皮肤有强烈刺激的生产。护肤用品分为膏状或液体两种类型。

在各产业中，劳动防护用品都是必须配备的。根据实际使用情况，应按时间更换。在发放中，应按照工种不同进行分别发放，并保存台账。

拓展阅读

防护用品使用的几个误区

职业病防治专家指出，个人防护用品在预防职业病危害的综合措施中，属于第一级预防部分，当劳动条件尚不能从防护设备上改善时，还是主要防护手段。个人防护用品有防护服、防护鞋帽、防护手套、防护面罩及眼镜、护耳器、呼吸防护器和皮肤防护剂等，利用其屏蔽和吸收过滤的作用，达到防护目的。在选择个人防护用品时，不仅要注意防护效果，还应考虑是否符合生理要求，在使用时还需加强管理和检查维护，才能达到应有的防护效果。

专家指出，不少企业管理人员和劳动者在使用个人防护用品方面存在几个误区。

误区 1：个人防护用品可戴可不戴

专家指出，个人防护用品能消除或减轻职业病危害因素对劳动者健康的影响。《中华人民共和国职业病防治法》规定，用人单位必须为劳动者提供符合要求的防护用品，同时劳动者有义务佩戴防护用品。

误区 2：车间没有异味，可以不用佩戴个人防护用品

专家指出，许多有害气体是无色、无嗅、无味，不具有任何警示性，感觉不到。即使有味，感觉器官对外界的感知存在着局限性和个体差异。因此，过分相信感觉，可能会导致职业中毒。

误区 3：纱布口罩可用来防尘

专家指出，普通纱布口罩不能作为防尘口罩。我们现在用的纱布口罩虽便宜，夏天吸汗，冬天保暖，但这样的口罩（即使 16 层厚）不能防护容易导致尘肺的呼吸性粉尘的危害，防尘需要专门的防尘口罩。

误区 4：医用口罩用来防毒

专家指出，医用口罩可以防止病毒通过飞沫传播，但是不能过滤有毒气体。针对不同的毒物，需要使用不同过滤效果的防毒口罩。一般的可挥发性有机气体可以用活性炭防毒口罩。

误区 5：防尘口罩水洗再利用

专家指出，防尘口罩的滤料是不能水洗的。防尘口罩所使用的高效滤料通常为无纺布材料，有些还依靠纤维上带有的静电电荷过滤呼吸性粉尘。水洗后滤料的微观结构会受损，出现肉眼看不见的裂缝、孔洞，静电电荷也会大量损失，过滤性能严重下降。

专家指出，防护用品属于一种被动的防护措施，在任何情况下都应当首先采取先进生产工艺，做好工程防护设施，从而主动预防职业病；在防护设施不能够完全消除职业病危害因素的情况下，才考虑为劳动者配备合适的个人防护用品。值得注意的是，个人防护用品不是万能的，任何个人防护用品都有其适用性，存在局限性，需要考虑使用的环境和防护用品的适用范围。

（资料来源：朱忠义．劳动教育与实践．北京：北京理工大学出版社，2020．有改动）

第三节　劳动救护

扫一扫 看一看

在日常生活中，无论在学校内还是学校外，大学生都有可能遇到一些突发情况，如果掌握现场急救知识，往往能为患者赢得宝贵时间并挽救患者的生命。另外，目前喜欢参加一些体育运动和野外活动的学生越来越多，掌握一些关于包扎、止血、冻伤、溺水、中暑等的急救知识非常实用。

一、一般急救常识

（一）心肺复苏

心肺复苏是挽救病人，使其恢复心跳和呼吸，避免脑损伤的一种急救技术。在日常生活中，人们难免会遇到各种疾病或意外事件。因此，学习掌握心肺复苏的操作和技能是很必要的。

下面介绍心肺复苏的程序。

（1）判断伤者有无反应。轻摇伤者肩膀及在耳边叫唤，并大声问："你怎么啦？"测试伤者神志是否清楚。如有回应，则表示气道仍然畅通；如伤者人事不省，应立即请旁人协助。

（2）呼救，拨打120急救电话。若呼唤无反应，则立即呼救，目的是叫人协助急救和通知医院与医疗急救部门，申请急救车服务。

120是我国统一实施的医疗急救电话号码。如果在场目击者只有一人，伤者呼吸、心跳停止，应先进行心肺复苏1~2分钟后再尽快打电话呼救；如果现场有多人，呼救与抢救可同时进行。如伤病者只有独自一人，在神志清醒时，应尽快拨通急救电话，将自己的伤情、地点详细告诉对方，请求速来急救或呼唤邻居速来协助。

（3）摆好伤者身体。为使复苏有效，患者必须仰卧在坚实而无弹性的平面上，头部与躯干呈水平位，身体无扭曲，两臂放在身旁，解开衣领，松开裤带。抢救者跪于患者的右侧，两腿自然分开，一只膝关节位于伤者肩部，另一只膝关节位于伤者腰部，抢救者双腿与肩同宽，并尽量贴近伤者。

（4）清除伤者口腔异物。迅速清除其口、鼻、咽喉的异物，如凝血块、痰液、呕吐物等。一只手用拇指、食指拉出舌头，另一只手食指伸入口腔和咽部，迅速将血块、异物取出。

（5）打开伤者气道。清理干净气道异物后，需要继续保持气道通畅。一只手放在患者前额上，手掌向后下方施力，使头向后仰；另一只手的食指及中指将下颌托起。此时，拉开颈部，尽量让头后倾。注意手指不要压向喉部，以免阻塞气道。

（6）判断伤者呼吸情况。将面颊贴近伤者口鼻部，眼睛朝向伤者胸部，判断伤者呼吸是否存在。同时默数 1001、1002、1003、1004、1005（5 秒），如已无呼吸，应立即进行人工呼吸。

（7）对伤者进行人工呼吸。口对口进行人工呼吸是为患者肺部供应氧的首选快速有效的方法。使伤员仰卧，施救人员位于其头部一侧，捏住伤员的鼻孔，深吸气后，将自己的嘴紧贴伤员的嘴吹入气体。之后，离开伤员的嘴，放开鼻孔，一手压伤员胸部，助其呼出体内气体。如此有节律地反复进行，每分钟进行 15 次。注意吹气时不要用力过度，以免造成伤员肺泡破裂。吹气时，应对伤员进行胸外心脏按压。一般吹一次气后，做 4 次心脏按压。

（8）对伤者进行胸外心脏按压。胸外心脏按压是心肺复苏的主要方法，它通过压迫胸骨，对心脏给予间接按摩，使心脏排出血液，参与血液循环，以恢复心脏的自主跳动。具体操作方法如下。

①让需要进行心脏按压的伤员仰卧在平整的地面或木板上。

②施救人员位于伤员一侧，双手重叠放在伤员胸部两乳正中间处，用手向下挤压胸骨，使胸骨下陷 3~4 厘米，然后迅速放松，放松时手不离开胸部。如此反复有节律地进行，按压频率为每分钟 60~80 次。

（二）止血

止血是创伤现场应急救护首先要掌握的一项基本技术。其主要目的是阻止伤口持续性出血，防止伤者因失血过多而死亡，为伤者赢得宝贵的抢救时间，从而挽救伤者的生命。

1. 包扎法止血

包扎法止血一般限于无明显动脉性出血。对于小创口出血，有条件时先用生理盐水冲洗局部，再用消毒纱布覆盖创口，用绷带或三角巾包扎。无条件时可用冷开水冲洗，再用干净毛巾或其他软质布料覆盖包扎。如果创口较大而出血较多时，要加压包扎止血。包扎的压力应适度，以达到止血而不影响肢体血液流动为宜。严禁将泥土、面粉等不洁物撒在伤口上，造成伤口进一步污染，给下一步清创带来困难。

2. 指压法止血

指压法止血用于急救时处理较急剧的动脉出血。这是一种简单有效的临时性止血方法，根据动脉的走向，用拇指压住出血的血管上方（近心端），使血管被压闭住，阻断血液来源，能迅速有效地达到止血目的；缺点是止血不易持久，而且需事先了解正确的压迫点才能见效。

拓展阅读

★★★★★

常用压迫止血点

（1）头顶、额部、面侧部出血：可用拇指对准下颌关节处，压迫颞浅动脉。

（2）面部出血：用拇指、食指或中指压迫下额角前约 1 厘米凹陷处的面动脉。要注意，即使一侧面部出血，也要压迫双侧面动脉。

（3）肩部与上肢出血：用拇指压迫同侧锁骨上窝中部的锁骨下动脉。

（4）上肢出血：用四指压迫上臂内侧的肱动脉，将它压向肱骨止血。

（5）手部出血：可用双手拇指压迫手腕部的尺、桡动脉。

（6）手指出血：用食指、拇指分别压迫手指根部两侧的指动脉。

（7）下肢出血：用两手拇指重叠压在大腿根部中点的股动脉上。注意要用力深压。

（8）足背出血：可用两手拇指分别压迫足背中部近脚腕处的足背动脉和足跟内侧与内踝之间的胫后动脉。

（资料来源：朱忠义．劳动教育与实践．北京：北京理工大学出版社，2020．有改动）

3．止血带法止血

如果是较大的肢体动脉出血，且为运送伤员方便起见，应上止血带，橡皮带、宽布条、三角巾、毛巾等均可。上肢出血时，止血带应结扎在上臂的上 1/3 处，禁止扎在中段，避免损伤桡神经。下肢出血时，止血带应扎在大腿的中部。上止血带前，先要将伤肢抬高，尽量使静脉血回流，并先要用毛巾或其他布片、棉絮做垫，然后再扎止血带，以止血带远端肢体动脉刚刚摸不到为度。止血带应松紧适宜，过紧易损伤神经，过松则不能达到止血的目的。扎好止血带后，一定要做明显的标志，写明上止血带的部位和时间，以免忘记定时放松，造成肢体因缺血时间过久而坏死。上止血带后每半小时到一小时放松一次，放松 3~5 分钟后再扎上，放松止血带时可暂用手指压迫止血。

（三）包扎

包扎是外伤急救时最常用的方法，具有保护伤口减少感染，加压止血，固定敷料和夹板及减轻疼痛等作用。一般可以用三角巾和无菌纱布包扎。在紧急情况下，也可用清洁的毛巾、被单等代替。

1．简单螺旋包扎法（图 5-13）

先将绷带缠绕肢体两圈固定，然后由受伤部位的下方开始，由下而上包扎。包扎时应用力均匀，由内而外扎牢，每绕一圈时，遮盖前一圈绷带的 2/3，露出 1/3。包扎完成时应将盖在伤口上的敷料完全遮盖。

图 5-13　简单螺旋包扎法

2．人字形包扎法（图 5-14）

先将绷带在患者肢体关节中央处缠绕一圈做固定，然后绕一圈向下，再绕一圈向上，反复向下、向上缠绕。结束时，在关节的上方重复缠绕一圈固定。

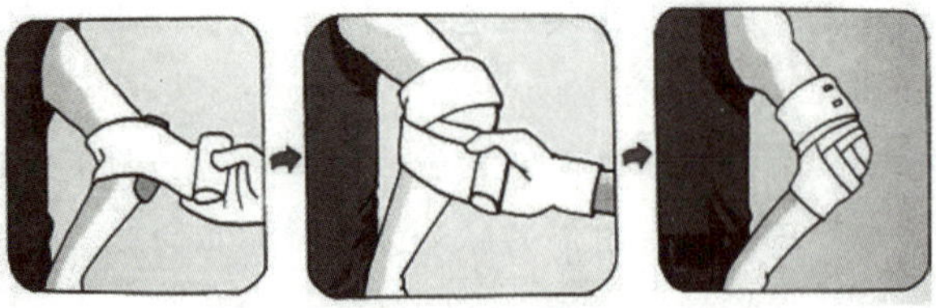

图 5-14　人字形包扎法

3. 三角巾头部包扎法（图 5-15）

扶患者坐稳，去除眼镜和头饰。用干净的纱布垫或布（棉）垫按压在头顶部伤口上，加压止血约 10 秒。将三角巾的底边折叠约两横指宽，边缘结于患者前额齐眉处，覆盖好布垫，顶角拉向后颅部。将三角巾两底角沿两耳上方向后收，在后部枕骨下交叉并压紧顶角，然后绕回前额正中打结。将患者头后部的顶角拉紧并向上返折，将顶角塞进两底角的交叉处。

图 5-15　三角巾头部包扎法

（四）骨折的简易固定

当出现外伤后，局部组织有“红、肿、热、痛和功能障碍”时应考虑有骨折的可能。如前臂骨折是很多爱好体育的同学最容易出现的骨折类型。此时前臂出现皮肤发红、肿胀、发热和疼痛，前臂不能抬起功能障碍。固定是针对骨折的伤者所采用的一项急救措施。其目的是固定伤处，限制骨折部位的移动，避免骨折断端刺伤皮肤、血管、神经及重要脏器，减轻疼痛，便于运送。

1. 上臂骨折（图 5-16）

发生上臂骨折（肱骨骨折）时，固定的方法如下：

（1）轻轻弯曲患者伤侧肘关节，将伤侧的前臂置于胸前，掌心向着胸壁。

（2）在伤侧胸部和上臂之间垫上布垫，用三角巾或绷带将伤侧前臂悬挂固定。

（3）可再用一条三角巾或绷带围绕患者胸部将伤肢扎紧加固。

图 5-16　上臂骨折固定方法

2. 大腿骨折（图 5-17）

大腿骨折，即股骨骨折。股骨是人体中最长的骨，十分坚硬，发生骨折常由于强大的外力撞击。大腿血液循环丰富，骨折时如有大血管损伤，血液会大量流入组织间隙，引起严重的内出血；由于肌肉的牵拉，伤侧大腿可能缩短或向外翻，受伤处肿胀；伤侧的膝盖和脚会歪向一侧；有严重出血时，患者会出现休克。固定的方法如下：

（1）扶患者仰卧，将未受伤的腿与受伤的腿靠在一起，同时呼叫急救车。

（2）在患者两腿之间，从膝关节以上到踝关节加垫衣物或折叠后的毯子等。

（3）用三角巾或绷带、布条，以 8 字形缠绕固定患者双足，使双足底和腿约呈 90°。

（4）用三角巾或宽布带缠绕患者双膝及骨折处上、下方，达到固定目的，并在健侧打结。

（5）包扎结束后，尽量不移动患者，直到急救车开来。

图 5－17　大腿骨折固定方法

（五）搬运

1．单人搬运

救护人站于伤者的一侧，使其身体略靠着救护人，一起行走；或一人直接将伤者抱起行走；或将伤者背起（图 5－18）。如伤者卧于地上，救护人可先躺其一侧，一只手紧握伤者肩部，另一只手抱其腿，用力翻身，使其伏于救护人背上，而后慢慢起来行走。

图 5－18　单人搬运方法

2．双人搬运

一人站在伤者的头部，两手插入伤者腋下，将其抱入怀内；另一人站在伤者两腿中间，托起双腿，然后步调一致前行，或者急救者二人手臂交叉，呈座椅状（图 5－19）。

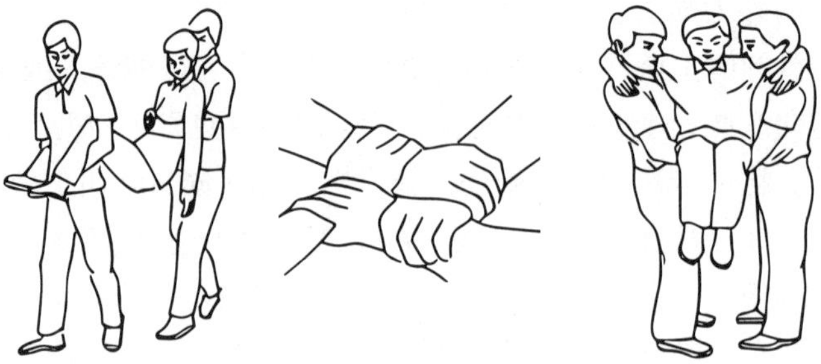

图 5-19　双人搬运方法

二、常见疾病的急救

（一）猝死

猝死又称突然死亡，是指平素看来健康或病情已基本恢复者，在很短的时间内突然发生意想不到的非创伤性死亡，往往来不及救治，属于临床急症。由于猝死的高峰多发生在发病后 1 小时内，因此，心脏病专家将发病后 1 小时内的死亡定为猝死。

1. 猝死的症状

多数人猝死前无明显预兆。有些病人以前有过心绞痛发作史，心绞痛突然加剧，表现为面色灰白，大汗淋漓，血压下降，特别是出现频繁的室性早搏，常为猝死先兆。有的出现原来没有的症状，如显著疲乏感、心悸、呼吸困难、精神状态变化等。随后，由于心搏骤停，面部表现为神志不清、高度发绀、痉挛、瞳孔固定而扩大，或出现几次喘息样呼吸而进入临床死亡。如果不及时发现并进行心脏复苏抢救，或无效抢救，病人可很快（4~6 分钟）进入不可逆的生物学死亡。

2. 猝死的急救

一般来说，猝死有三个特点，即死亡急骤、死亡出人意料、自然死亡或非暴力死亡。多数患者在家中或正常工作时突然发病，因此及时的现场救护就显得非常重要。当发现有人突然意识丧失倒地时，不能慌乱，首先应让病人平卧，拍击其面颊并呼叫，同时用手触摸其颈动脉部位以确定有无搏动。若无反应且没有动脉搏动，救护者应在几秒钟内使用拳击的方法，使病人恢复心跳：拳头举高 20~30 厘米，捶击患者胸骨中下 1/3 处 1~2 次，然后判断心跳有无恢复。

如病人未能立即出现自发的脉搏并开始呼吸，则需要进行心肺复苏。

只有当病人呼吸和心跳恢复后，才能以妥善的方式将其护送到医院继续接受治疗。

3. 猝死的预防

猝死发病急，但不是没有应对措施的。学生在生活中和参加运动时应该密切关注身体的变化，预防猝死等意外事件的发生。

（1）出现不适早检查。学生应注意运动前、运动中或运动后出现的胸闷、压迫感、极度疲劳等症状，如症状明显应及时中止运动，进行详细检查。

（2）运动强度要适宜。学生在体育锻炼时应该坚持循序渐进和因人而异的原则，运动前进行充分的准备活动，运动后进行整理活动，避免平时不运动、偶尔突然超负荷运动情况的出现。每位学生应根据自身身体状况采取不同的运动强度，防止出现过度训练和过度紧张，减少心律失常现象的出现和发生。

（3）养成良好的生活习惯。养成良好的生活习惯对于预防猝死也很重要。学生平时不要吸烟，少吃高脂食品和盐，多吃蔬菜水果，保证睡眠时间和质量，保持良好的思想情绪，避免精神过度紧张和超负荷运动。

案例分享

★★★★★

劳逸结合，预防猝死

某职校一名男生小涛作为主力参加了学院组织的非足球专业学生的足球联赛，在比赛快结束时，小涛突然倒在地上，当时大家还以为他腿抽筋了，几个队友跑过去一看，发现他表情痛苦，已经无法说话。随后，小涛被送往医院，虽经医生尽力抢救，但已无济于事，最终宣布其已死亡。据悉，小涛送到医院时，没有任何外伤，可能因疲劳过度导致心脏衰竭而死亡。值得一提的是，小涛在当日早上 6 时 30 分，曾按时参加学校例行的早操，在操场上练习长跑，在早操后，小涛已经感到身体不适，没有去吃早饭，但他还是参加了随后进行的足球比赛。

（资料来源：苏春昱，张俊杰，孟恒. 体育与健康. 汕头：汕头大学出版社，2018. 有改动）

（二）昏厥

昏厥又称晕厥、虚脱、昏晕、昏倒，是由过性脑缺血（缺氧）引起的短暂的意识丧失。学生晕厥比较常见，严重地影响学习、生活和身体健康。因此，掌握必要的急救常识很重要。

1. 引起昏厥的原因

引起昏厥的原因很多，如由恐惧、焦虑、急性感染、创伤、剧痛引起的血管迷走性昏厥，因低血压引起的体位性昏厥，由风心病、冠心病及严重心律失常、心力衰竭引起的心源性昏厥等。但发生在学生身上的昏厥又有自己的特点。这类昏厥多以女生为主。部分女生平时很少运动，身体素质比较差，当出现疲劳、情绪低落、食欲差、能量补充不足等诸多不良因素时，容易出现意识丧失而突然晕倒。无论何种昏厥，发病多突然开始，有头晕、心慌、恶心呕吐、面色苍白、全身无力等症状，随之意识丧失，昏倒在地。

拓展阅读

各种晕厥的病因

一、心源性晕厥

心源性晕厥是由于心脏疾病引起的心排血量减少或排血暂停，导致脑部缺血而发生的晕厥。中老年人往往都患有程度不同的高血压或冠心病，倘若过度劳累或兴奋，或较剧烈的体力活动后，由于心肌缺氧可诱发冠状动脉供血不足，导致脑部暂缺血而发生晕厥。特别是在心绞痛、心肌梗死发作时，更容易引起晕厥。

二、脑源性晕厥

患有高血压、脑动脉硬化、肾炎、妊娠中毒症等疾病时，血压突然升高，脑血管强烈收缩，痉挛和脑水肿，导致脑缺氧而发生晕厥。此时，患者常伴有抽搐，甚至有暂时的肢体麻木或瘫痪，医学上称为“高血压脑病”。患有脑动脉硬化症的老年人，如果出现椎基底动脉供血不足，或者血栓形成，会常常因为头部位置的转动而发生晕厥。

三、体位性低血压晕厥

突然改变体位，如平卧时突然从床上坐起，或久蹲而突然站起，也容易发生晕厥。这是因为平卧时血管紧张度较低，血压偏低，尚能满足脑部的血液供应。而当体位突然改变时，血管紧张度来不及调整，加上重力影响，会使脑部血液供应不足而发生头昏、眩晕、眼花、眼前发黑等晕厥症状。

四、血管神经性晕厥

常见于体质较差的青年女性。情绪紧张、天气闷热、局部疼痛、疲劳、恐惧、饥饿等均可诱发。因为这些诱因能反射性地引起患者全身小血管的广泛扩张，使回流到心脏的血液减少，心脏血输出量也相应减少，因而引起脑部缺血、缺氧而发生晕厥。

（资料来源：袁国，徐颖，张功.新时代劳动教育教程.北京：航空工业出版社，2020.有改动）

2. 昏厥的急救

一旦身边出现昏厥病人，应该抓紧时间进行急救。

（1）使患者平卧，头放低，松解衣扣。见到病人前额出汗、脸色苍白或说头晕，或已昏厥，就应立即扶病人躺到床上，抬高下肢，不要用枕，解开领扣、腰带和其他紧身的衣物。如果现场环境无床或不允许病人躺下，可以让其坐下，头垂到双膝之间。如果病人不能躺下或坐下，可让其单腿跪下，俯伏上身，像系鞋带的姿势一样。这样，病人的头部就处在比心脏低的位置，同样能很快恢复。千万不要把昏倒在地的病人扶坐起来，而要让他躺在地下，身子放平。

（2）用手掐患者人中穴。妥善处置好晕厥者的姿势后，急救者可用指甲掐患者的人中穴，迫使其很快清醒。病人一般在5分钟内便能恢复神志，否则应立即送往医院寻求专业急救。患者醒后至少仰卧10分钟，过早起身可使昏厥复发。患者意识恢复后，可饮少量水或茶。如果是原因不明的晕厥，应尽快送医院诊治。

三、户外急救

户外劳动或户外活动是学生走出教室，投身大自然的怀抱，接受阳光、空气，体验和感受野外生活乐趣的重要途径。它不仅能锻炼学生克服困难的精神，提高适应自然环境的能力，而且能在集体活动中，增进同学之间的友谊，丰富社会生活。但是，其中也存在着一定的意外和危险，所以，学生掌握一定的户外急救技能很有必要。

（一）伤口处理

伤口暴露容易被病菌感染，特别是在野外卫生条件不好的情况下，更应该及时处理好伤口。

1．小伤口的处理

首先要清洁伤口，先将碎片、泥土等杂物清除，并且除去已经坏死的组织，然后用碘酒及酒精迅速擦拭伤口，进行消毒，再将大小合适、干净的纱布轻轻盖在伤口表面，贴上胶布固定。

2．动脉出血的处理

动脉出血应立即用止血带或手指压在伤口近心端的一方，使血管被压闭住，中断血流，不能压得太松或太紧，以血液不再流出为度。缚止血带的时间，原则上不超过 1 小时，如需要较长时间缚止血带，则应每隔半小时松解止血带半分钟左右。在松解止血带的同时，应压住伤口，以免大量出血。同时，应争取时间送医院处理。

（二）脱臼的急救

脱臼又称关节脱位，是因外力或其他原因造成关节各骨的关节面失去正常的对合关系。其中，肩部尤其容易脱臼。如果发现肩部脱臼，急救人员应脱去鞋子，用脚撑在伤员腋下，拖动脱臼的臂部，使之复位。另一种可行但是更冒险的方法是屈肘 90°，用作杠杆，顶住关节窝使之复位，用吊索支持臂部，并用绷带使之与胸部固定，让伤员好好休息。

（三）骨折的急救

骨折是指由于外伤或病理等原因致使骨质部分或完全断裂的一种疾病。如在野外劳动或集体活动时发生骨折，应该首先固定伤肢，以避免搬动过程中骨折部位的软组织、血管、神经或内脏器官的进一步损伤。这时候需要用到的夹板应该就地取材，树枝、木棍、木板、滑雪杖、折叠的报纸等都可以用来作夹板。

（四）冻僵的急救

冬天在野外劳动或活动时，因为天气的原因，有可能会被冻僵。冻僵是指人体遭受严寒侵袭，全身降温所造成的损伤。伤者表现为全身僵硬，感觉迟钝，四肢乏力，头晕，甚至神志不清，知觉丧失，最后因呼吸循环衰竭而死亡。

发生冻僵的伤者已无力自救，救助者应立即将其转运至温暖的房间内，搬运时动作要轻柔，避免僵直身体受到损伤。然后迅速脱去伤者潮湿的衣服和鞋袜，为其盖上被子。用布或衣物裹热水袋、水壶等，放在伤者腋下、腹股沟处使其迅速升温，或将伤者放在38℃~42℃的温水中浸浴。如果衣物已冻结在伤者的肢体上，不可强行脱下，以免损伤皮肤，可连同衣物一起放入温水，待解冻后取下。当伤者出现有规律的呼吸后停止加温。伤者意识存在后可饮用热饮料或少量酒。

（五）溺水的急救

游泳是不少青少年喜爱的体育锻炼项目之一，它既可以解除夏季的炎热，又能够起到锻炼身体的作用。但是，如果不做好准备、缺少安全防范意识，遇到意外时慌乱无措，极易发生溺水伤亡事故。因此，掌握一定的溺水急救技能分外重要。

1. 溺水的预防

为了确保游泳安全，防止溺水事故的发生，必须做到以下几点：

（1）选择安全的游泳场所。不要独自一人外出游泳，更不要到不知水情或比较危险且易发生溺水伤亡事故的地方游泳。选择好的游泳场所，对场所的环境，如该水库、浴场是否卫生，水下是否平坦，有无暗礁、暗流、杂草，水域的深浅等情况要了解清楚。

（2）要有专人带领。学生要在老师或熟悉水性者的带领下去游泳，以便互相照顾。如果集体组织外出游泳，下水前后都要清点人数，并指定救生员做安全保护。

（3）做好游泳前的准备。下水之前要清楚自己的身体健康状况，平时四肢容易抽筋者不宜参加游泳或不要到深水区游泳。要做好下水前的准备，先活动身体，如水温太低应先在浅水处用水淋洗身体，待适应水温后再下水游泳；镶有假牙的同学，应将假牙取下，以防呛水时假牙落入食管或气管。

（4）游泳时要谨慎。对自己的水性要有自知之明，下水后不能逞能，不要贸然跳水和潜泳，更不能互相打闹，以免呛水和溺水。不要在急流和漩涡处游泳，更不要酒后游泳。

（5）遇到不适要早防备。在游泳中如果突然觉得身体不舒服，如眩晕、恶心、心慌、气短等，要立即上岸休息或呼救。若小腿或脚部抽筋，不要惊慌，可用力蹬腿或做跳跃动作，或用力按摩、拉扯抽筋部位，同时呼叫同伴救助。

案例分享

选择安全场所游泳，预防溺水

天气炎热，加之汛期降雨强度加大，溺水事件进入高发期……防溺水这件事值得所有人深思！2020 年 7 月 17 日 19 时 28 分，岳阳市蓝天救援队接临湘市消防大队电话，称临湘某小型水库一名 11 岁女孩落水，请求支援。蓝天救援队经过近半个小时的仔细搜索，将溺水女孩找到并打捞上岸，痛心的是女孩已无生命体征，生命永远停留在 11 岁。

（资料来源：搜狐网.有改动）

2．溺水者的岸上急救

（1）打 120 急救电话。如果溺水者情况比较严重，首先应该在周围群众的帮助下拨打 120 急救电话，待专业医生迅速赶到施以援救。在拨打 120 时一定要说清溺水的地点、人数及溺水者的大致状况，让医生做好准备。

（2）清除溺水者口、鼻中的杂物。在急救人员到来之前，现场人员应该抓紧时间实施急救。将伤员抬出水面后，首先应立即清除口、鼻中的淤泥、杂草、泡沫和呕吐物，使上呼吸道保持畅通。如果发现溺水者喉部有阻塞物，则可将溺水者脸部转向下方，在其后背用力拍，将阻塞物拍出气管。如果溺水者牙关紧闭，口难张开，救生者可在其身后，用两手拇指顶住溺水者的下颌关节用力前推，同时用两手食指和中指向下扳其下颌骨，将口掰开。为防止已张开的口再闭上，可将小木棒放在溺水者上下牙床之间。

（3）人工呼吸。对呼吸停止者应立即进行人工呼吸，一般以口对口吹气为最佳。急救者位于溺水者一侧，托起溺水者下颌，捏住溺水者鼻孔，深吸一口气后，往溺水者嘴里缓缓吹气，待其胸廓稍有抬起时，放松其鼻孔，并用一手压其胸部以助呼气。反复并有节律地（每分钟吹 16~20 次）进行，直至恢复呼吸为止。

（4）胸外心脏按压。将溺水者救上岸后，如发现溺水者的心跳已停或极其微弱，则应立即施行胸外心脏按压，通过间接挤压心脏使其收缩与舒张，恢复泵血功能。胸外心脏按压与人工呼吸的配合施行，是对尚未出现死亡现象的溺水者生命做最后的挽救，是使其恢复自主心跳与呼吸的重要手段。胸外心脏按压的具体做法为：让溺水者仰卧，背部垫一块硬板，头部稍后仰，急救者位于溺水者一侧，面对溺水者，右手掌平放在其胸骨下段，左手放在右手背上，借急救者身体重量缓缓用力，不能用力太猛，以防肋骨骨折，将胸骨压下 4 厘米左右，然后松手腕（手不离开胸骨）使胸骨复原，反复有节律地（每分钟 60~80 次）进行，直到心跳恢复为止。

（六）中暑的急救

学生如果在夏季进行剧烈运动或长时间从事重体力劳动，如马拉松锻炼或军训，均有可能引发中暑。中暑俗称暑热，是由于体温调节中枢功能障碍、汗腺功能衰竭和水电解质丢失过多引发的疾病。中暑常发生在气温超过 32°C 和湿度大于 60%、无风的夏季。

1．中暑的症状

中暑的程度可以分为三级，即先兆中暑、轻度中暑和重度中暑。先兆中暑病人有头痛、眩晕、口干、舌燥、出汗、疲劳、注意力不集中和动作不协调等症状；轻度中暑除具有先兆中暑的表现外，还有肌肉痉挛疼痛或直立性晕厥、体温轻度升高、面色潮红、皮肤灼热、脉搏加快、呼吸急促和血压下降等脱水表现；重度中暑又称热射病或日射病，表现为高热、昏迷、惊厥和多器官衰竭。重度中暑是一种致命性急症，病死率极高，常死于呼吸、循环系统衰竭或急性肾衰竭。

2．中暑的现场急救

中暑后体温升高的程度及持续时间与病死率直接相关。因此，发现中暑患者，应迅速采取以下急救措施，减少或防止悲剧性事件的发生。

（1）将患者转移到阴凉通风处。对中暑者，要及时使其脱离高温环境，可将患者转移到阴凉通风处休息，使其平卧，头部抬高，松解衣扣。

（2）补充体液。如果中暑者神志清醒，并无恶心、呕吐症状，可饮用含盐的清凉饮料、茶水、绿豆汤等，以起到降温、补充血容量的作用，也可饮淡盐水（0.2%~0.3%氯化钠溶液）。对神志不清的病人，最好不要喂水，以防止误吸。有条件者，可静脉输注5%葡萄糖生理盐水或复方氯化钠溶液。

（3）人工散热，物理降温。有条件时，可用电扇通风或空调降温，促进散热，但不能直接对着病人吹风，防止造成感冒。也可采用物理降温，如用冷水或用冰袋置于病人的头、颈、腋下、腹股沟等处，或用酒精擦病人的头、颈、腋下、腹股沟等处，都可达到迅速降温的效果。如无低血压或休克表现，将患者躯体浸入27℃~30℃的水中15~30分钟，也可达到迅速降温效果。对血压不稳定者，可采用蒸发散热降温，如用23℃冷水反复擦拭皮肤，同时用电风扇或空调促进散热。

（4）拨打急救电话。对重度中暑者，在采取上述措施的同时，应立即拨打120，将患者迅速送往有条件的大医院急诊科治疗。

拓展阅读

★★★★★

降暑“两水”慎替用

入夏后，藿香正气水与十滴水几乎成了家庭中必备的防暑应急药品。由于这两种中成药均能治疗夏季暑热引起的胃肠不适、腹痛恶心等症状，所以不少人都误认为这两者功效相等，可以相互代替使用。其实，藿香正气水与十滴水在药物组成、功效主治与用法用量上都有着很大的差别，贸然替用，必将引起不良后果。

藿香正气水主要擅长治疗夏季风寒湿邪所引起的夏季感冒、胃肠炎等疾病，治疗范围较广泛，既可以治疗夏秋的各种感冒及胃肠炎等，也可以用于中暑引起的胃肠不适；而十滴水仅用于中暑症，即感受暑热引起的头晕昏迷、胃肠不适等。藿香正气水主治风寒湿之邪所致疾病，十滴水主治暑热湿之邪所致疾病，两者的功效主治截然不同。因此应当对症选用。

（资料来源：益优网，有改动）

3．中暑的预防

（1）注意饮食。饮食方面，首先应注意补充水分。夏季人体水分挥发较多，不能等渴了再喝水，那时身体已处于缺水状态。另外，身体中的一些微量元素会随着水分的蒸发被带走，应适当喝一些盐水。食物方面，要补充足够的蛋白质，如鱼、肉、蛋、奶和豆类等；另外，应多吃能预防中暑的新鲜果蔬，如西红柿、西瓜、苦瓜、桃、乌梅、黄瓜等。

（2）做好防晒工作。在外出时，要做好防晒工作，戴太阳镜、遮阳帽或使用遮阳伞，着浅色、透气、宽松的棉、麻、丝质服装，便于汗液挥发，有利于散热。烈日炎炎下长时间骑车最好穿长袖衬衫，或使用披肩，戴遮阳帽。中午至下午2时阳光最强时，尽量不要待在户外，有条件的可适当进行午休。中暑的病人，恢复后数周内，应避免进行室外剧烈活动和在烈日下暴晒。

（3）随身携带防暑药品。进行长时间户外运动时，要准备好防暑药品，如藿香正气水、十滴水、人丹等。出汗较多时应多饮含盐类和多种水溶性维生素的清凉饮料，保持水和盐的代谢平衡。

（七）新能源汽车触电急救

在户外驾驶、维修新能源汽车的过程中，触电风险是一直存在的，因此对于新能源汽车的触电风险，应该掌握相应的应急救援流程，尽可能地提高触电者被救活的概率。

1．脱离电源

电流作用的时间越长，伤害越重，所以在发生触电事故后，应采取一切安全、可靠的手段迅速切断电源以解救触电者。使触电者脱离电源的方法如下。

（1）低压触电事故脱离电源的方法：

①用带绝缘柄的电工钳或有干燥木柄的斧头切断电源。

②用带有绝缘胶柄的钢丝钳、绝缘物体或干燥不导电物体等工具将触电者迅速与电源分离。

（2）高压触电事故脱离电源方法：

①带上绝缘手套，穿上绝缘鞋，用相应电压等级的绝缘工具迅速断开电源。

②抛掷裸金属线使线路短路接地，迫使保护装置动作，断开电源。

2．脱离电源后的处理

触电者脱离电源后，现场救护人员应迅速对触电者伤情进行判断，根据触电者神智是否清醒、有无意识、有无呼吸、有无心跳(脉搏)等伤情对症抢救。同时设法联系医疗救护中心(医疗部门)的医生到现场接替救治。

3．应急操作

（1）使伤员仰面平躺，头、颈、躯干平卧无扭曲，双手放于躯干两侧。

（2）当发现触电者呼吸微弱或停止时,应立即通畅触电者的呼吸道(气道)以促进触电者呼吸或便于抢救。

（3）在通畅呼吸道后，保持开放气道位置，用“看、听、试”的方式判断触电者是否有呼吸。有呼吸者，注意保持气道通畅；无呼吸者，立即进行口对口人工呼吸。

（4）检查伤员有无脉搏，判断伤员的心脏跳动情况。综合触电者情况判定：触及波动，有脉搏、心跳；未触及波动，心跳已停止。如无意识，无呼吸，瞳孔散大，面色紫润或苍白，再加上触不到脉搏，可以判定心跳已经停止。

（5）轻轻拍打伤员肩部，并高声呼救。无反应时，立即用手指甲掐压人中穴、合谷穴约5秒，伤者如出现眼球活动、四肢活动及疼痛感，应立即停止掐压穴位。

（6）呼救。一旦初步确定伤员神智昏迷，应立即召唤周围的其他人员前来协助抢救。叫来的人除协助做心肺复苏或人工呼吸外，还应立即打电话给医疗部门或呼叫受过救护训练的人前来帮忙。

4. 现场心肺复苏或人工呼吸

若以上措施实施后伤者仍无呼吸和心跳，应立即进行心肺复苏或人工呼吸并反复循环进行，其间用看、听、试的方法对伤员呼吸和心跳是否恢复进行判定，并口述瞳孔、脉搏和呼吸情况，直到触电者心肺恢复或专业医务人员来交接。

5. 注意事项

（1）急救成功的关键是动作快，操作准确，任何拖延和操作错误都会导致伤者伤情加重或死亡。

（2）救护触电者时，要注意救护者和被救护者与附近带电体之间的安全距离，防止再次触及带电设备。即使电源已断开，对未做安全措施或已挂设接地线的设备也应视作带电设备。

（3）判断触电者意识时，拍打伤员肩部不可用力太重，以防加重可能存在的骨折等损伤。

（4）事故现场人员向相关救护人员汇报信息时，必须做到数据源唯一、数据准确、及时。

课后思考

★★★★★

1. 劳动者的权利与义务有哪些？

2. 遇到劳动纠纷时，应该按什么程序依法维护自己的权利？

3. 请列举骨折的救助方法。

4. 在野外被毒蛇咬伤，应该怎样进行急救处理？

5. 日常用到的劳保产品有哪些？

6. 在煤矿等处工作的员工应注意哪些问题？

7. 近年来，校园中、实践活动中频频出现意外，且责任争议大，让部分学校不得已压缩学生课外实践活动，以期减少对学生和学校的伤害。但是也有人认为学校不应以安全为由将学生课外活动挡在门外。对此你有什么看法？

附　录

大学生劳动教育实践

任务1　头脑风暴：正确看待劳动

任务目标

1. 正确认识劳动。
2. 理解劳动教育的目标。
3. 体会劳动教育的价值。

任务内容

深刻理解劳动的内涵，树立“实干兴邦”的劳动实践观、“民族复兴”的劳动发展观、“崇尚劳动”的劳动价值观。以小组为单位，采取头脑风暴的方法形成结论，并采用录制视频的方式呈现结论。

任务实施

1. 教师下发“认识劳动”任务，同学们接收任务后，明确劳动内容，进行信息资料查询与搜集。

2. 头脑风暴小组人数以6~12人为宜，建议随机分组，教师作为主持人，只主持会议，对发言不做评论。每组设记录员1人，要求认真将小组成员每一个设想不论好坏都完整地记录下来。

3. 主持人公布研讨主题，控制好时间，力争在有限的时间内获得尽可能多的创意性想法。参与同学每人在规定时间内可自由发言，谈谈自己对劳动的认识。记录员记录每一名同学的发言要点，形成发言一览表。所有同学均发言完成后，开始质疑阶段，即每名同学针对小组同学的发言观点提出批评和新的观点，进行到没有问题可以质疑时为止。最后小组全员一起形成一份“劳动认识一览表”（表附-1），由教师进行评价。

表附-1　劳动认识一览表

班级：　　　　小组：　　　　记录人：

序号	项目	内容记录	观点提出人
1	劳动的内涵		
2	劳动的要素		
3	劳动教育的目标		
4	劳动教育的价值		

过程总结

★★★★★

4. 以小组为单位，利用熟悉的媒体软件进行视频录制，可以故事、案例、图文、脱口秀等多种形式呈现对劳动的认识。

5. 面向班级全员进行视频展示，完成劳动成果展示表。

任务 2　劳动法律现象辨析

任务目标

1. 构建和谐的劳动关系。
2. 了解劳动相关法律。
3. 树立合法劳动的观念。
4. 树立正确的劳动价值观。

任务内容

了解劳动相关法律，对劳动案例依法辨析，以小组为单位，依据案例内容，搜集相关的法律条文，撰写劳动法律现象辨析报告。

任务实施

1. 教师下发“劳动法律现象辨析”任务，将劳动案例发放给每组同学，由同学提出该处理结果是否合理。同学们接收任务后，明确劳动内容，形成小组，进行角色扮演，每组选派“法官”“法官助理”“书记员”，明确分工。

案情概述

★★★★★

2017年8月1日，梁某大学毕业，入职某食品公司，从事检验工作，双方口头约定梁某月工资为4 000元。梁某入职时，公司负责人告知其3个月试用期后签订书面劳动合同，但是双方一直未签订书面劳动合同。2021年7月31日，梁某与食品公司解除劳动关系。梁某要求食品公司支付2020年8月至2021年7月期间未与其签订无固定期限劳动合同的第二倍工资，该公司拒绝支付。梁某遂向劳动人事争议仲裁委员会（以下简称仲裁委员会）申请仲裁。

申请人梁某请求：裁决食品公司支付2020年8月至2021年7月期间未签订无固定期限劳动合同的第二倍工资48 000元。

处理结果：仲裁委员会裁决驳回梁某的仲裁请求。

2. 以小组为单位搜集与本案例相关的法律资料，“书记员”将每名同学在规定时间内搜集到的信息进行归纳汇总，以小组为单位，共同提炼出案由，归纳出案件焦点，总结案件存在的争议与分歧，每组“法官助理”填写“劳动现象法律辨析报告”（表附-2）中的前3项。

表附-2 劳动现象法律辨析报告

班级： 小组： 记录人：

序号	项目	内容
1	案由	
2	案件焦点	
3	争议与分歧	
4	依据相关法律条文及内容	
5	辨析理由	
6	案例启示	

过程总结

★★★★★

3. 因本案例涉及法律知识，专业性较强，教师需根据学生填写内容进行指导，提供与本案相符的法理依据，学生通过自学及教师指导对相关法律进行较深入的了解。在充分了解相关法律的基础之上，小组研讨，进行案例辨析，凝练分析理由。然后，“法官助理”填写“劳动现象法律辨析报告”中的“辨析理由”及“案例启示”。最后，“法官”总结此案例引发的启示。

分析提示：本案例涉及的条款包含《中华人民共和国劳动合同法》第七条、第十条、第十四条、第三十九条、第四十条、第八十二条。

4. 根据辨析报告，每组“法官”面向班级全员进行案件辨析陈词，模仿法官做案件审判。

注意事项

该任务的完成一定要以法律为依据，充分了解相关法律条文，对法律条文理解过程中存在的难点，要通过小组研讨、教师引导、求助专家等途径充分解决。在此基础上可搜集类似案例，查看案件解析，以便更加快捷有效地完成任务，对案例进行合理合法的辨析。

任务 3　大学生劳动教育月主题实践活动

任务目标

1. 让同学们明确劳动是一种锻炼、劳动是一种美德、劳动是一种修养。
2. 牢固树立“劳动最光荣、劳动最崇高、劳动最伟大、劳动最美丽”的观念。

任务内容

1. 确定活动时间（每年的 5 月份到 6 月份）。
2. 确定活动的中心任务和工作重点。
3. 形成最终成果。

任务实施

一、“我学习，我收获”劳动教育学习宣传

1. 学习宣传劳动知识。围绕“劳动知识”主题，普及学生劳动科学相关基础知识，如劳动法律、劳动关系、劳动经济、劳动与社会发展、劳动与就业创业、劳动安全、劳动纪律等，可通过讲述、讨论、播放视频等互动形式开展讨论，使学生明白“实干兴邦、空谈误国”的道理，

并撰写心得体会。

2. 学习领会劳动精神。以重大时间节点为契机，通过邀请劳动模范进校园、座谈会、主题班会、专题讲座、演讲比赛、主题党团日活动等多种形式，结合时代主题和生动案例提升学习效果，教育学生正确理解马克思主义劳动观，把握劳动精神和奋斗精神的实质和内涵，培养学生正确的劳动价值观和良好劳动品质，养成勤于劳动、善于劳动、乐于劳动的良好习惯。

3. 选出劳动教育典型。以“五一”国际劳动节主题活动、“劳动之星”评选等为抓手，组织开展劳动技能和劳动成果展示等活动，选出一批优秀典型，对劳动表现突出的学生予以表扬，并作为评优评先的重要参考之一。

二、“我奉献，我快乐”劳动教育实践体验

1. 日常生活劳动实践。结合校园生活实际，组织学生开展绿化养护、校园卫生、教室清洁、实验室维护、文明寝室建设等劳动锻炼，锻炼时长不少于2学时，培养学生掌握日常生活劳动技能和形成良好行为习惯，助力推动校园文明建设。

2. 专业生产劳动实践。围绕专业特色，积极打造“专业+劳动实践”“创新创业+劳动实践”。结合专业实习教学实际，安排一定学时的生产劳动实践。以校内外专业实践教育基地为依托，组织学生深入企业体验现代科技条件下劳动实践新形态、新方式，安排学生参与生产实践活动，同时与“互联网+”“创青春”等创新创业赛事深度融合，积累职业经验，提升就业创业能力。

3. 公益服务劳动实践。积极搭建志愿服务平台，组织学生积极参加暑期“三下乡”社会实践活动，深入城乡社区、福利院、小学和公共场所等参加志愿服务，开展公益劳动、困难帮扶、“大手牵小手”、护绿植绿、文明交通劝导等活动，培养学生热爱劳动、服务他人、奉献社会的良好品质。抓好“西部计划”，引导学生扎根基层建功立业，培养学生具有到艰苦地区和行业工作的奋斗精神。

过程总结

★★★★★

任务 4　制订学期劳动计划

任务目标

在勤工助学或志愿服务两个方向中选择一项，以学期为单位制订个人劳动计划。

任务内容

1. 明确劳动任务，制订学期劳动计划。

2. 确定阶段性中心任务和工作重点。

3. 分解劳动内容，以求让预期目标具体化、明确化。

4. 明确计划实施的地点与时间，了解计划实施的环境条件和限制，以便合理安排计划实施的空间组织和布局。

5. 形成最终成果。

任务实施

1. 汇总整理搜集到的信息资料，在勤工助学或志愿服务两个方向中做出选择。

2. 结合小组研讨中大家所提出的意见或建议，梳理、完善个人思路。

3. 填写调查问卷，完成自我分析，具体内容见表附-3，其中第 4、5、6、11、12、13、16 项为不定项选择，其余项为单项选择。

4. 制订以学期为单位的个人劳动计划，具体参照表附-4。

表附-3　体验劳动调查问卷

序号	项目	选项
1	你的年级是?	A. 大一 B. 大二
2	你对勤工助学或志愿服务的态度是?	A. 大学生应该经常做兼职，提升自身能力，丰富业余生活，还可以赚点零花钱 B. 大学生还是以学业为主，没必要做兼职 C. 对兼职没兴趣，宅在宿舍最好了
3	你参加过勤工助学或志愿服务吗?	A. 是 B. 否

续表

序号	项目	选项
4	你通过何种方式了解到勤工助学或志愿服务的有关信息？	A. 自己在网上、校外店铺里找到的兼职信息 B. 学校宣传栏、宿舍楼下、食堂等地方张贴的广告 C. 学校统一组织的 D. 朋友之间介绍 E. 辅导员、班级短信推送
5	你做勤工助学或志愿服务的目的是？	A. 补贴家用，赚取学费 B. 让自己有更多的生活费，买喜欢的东西 C. 走入社会，增加工作经验，提高能力 D. 拓展朋友圈，认识更多的人
6	你在选择兼职时，哪些因素你考虑得最多？	A. 薪资 B. 环境 C. 工作地点 D. 可获得的经验 E. 安全性 F. 工作时间
7	你的父母对于你进行勤工助学或志愿服务的态度是？	A. 支持，可以让孩子得到锻炼 B. 无所谓，听从孩子意见 C. 不支持，会影响学习
8	你在进行勤工助学或志愿服务时，是否会与对方签订协议？	A. 当然会，为了给自己一份保障 B. 不一定，要看对方有没有这个意向 C. 不会，觉得太麻烦了
9	你对学校组织的勤工助学或志愿服务活动是否了解？	A. 很了解，经常关注 B. 不太了解，偶尔会看到 C. 不了解，根本没听说过
10	校内与校外的勤工助学或志愿服务相比，你更倾向于哪个？	A. 校内 B. 校外
11	如果勤工助学或志愿服务过程中受到不公平待遇，你会如何解决？	A. 与兼职单位领导交涉 B. 向学校和家长寻求帮助 C. 询问朋友的意见 D. 忍气吞声
12	你从来没有做过勤工助学或志愿服务的原因是什么？	A. 没有时间，学习太忙了 B. 不知道勤工助学的信息，无处下手 C. 获得的报酬太少，又累，不高兴做 D. 家里反对，父母不支持 E. 生活费足够了，没有必要 F. 没有找到合适的岗位

续表

序号	项目	选项
13	勤工助学或志愿服务会给你的生活带来哪些重要的变化?	A. 课余时间更加丰富 B. 消费水平变高 C. 进一步了解社会 D. 增强沟通能力
14	你认为勤工助学或志愿服务的经历对以后踏上社会有用吗?	A. 没有用 B. 一般 C. 非常重要
15	你认为勤工助学或志愿服务会影响学习吗?	A. 不会 B. 会 C. 不清楚
16	你认为勤工助学对你获得社会实践经验有什么意义?	A. 增加对社会的了解 B. 锻炼人际交往能力 C. 把理论知识运用到实践中 D. 积累工作经验

表附-4　学期劳动计划示例

姓名	×××
性别	×
政治面貌	××××
所在院系	×××××
专业	×××××
学号	×××××××
劳动方向	勤工助学或志愿服务（二选一）
劳动形式	个人或团体（如是团体，注明团队成员）
劳动地点	×××
劳动岗位	×××
劳动内容	×××
劳动时间	以学期为周期，具体到小时
劳动频次	以天、周、月为单位
预期劳动成果	体验劳动的图片、视频、收获

注意事项

★★★★★

1. 在制订学期劳动计划之前，要充分结合自身实际，选择开展勤工助学或志愿服务。

2. 要坚持问题导向，学期劳动计划制作的过程要紧紧围绕自身能力提升、团队意识培养、劳动习惯养成等方向有针对性地开展。

过程总结

★★★★★

____

____

____

____

____

任务 5　制作劳动教育宣传板

任务目标

1. 以班级为单位，统筹策划制作劳动教育宣传板。

2. 宣传板共分为 4 个版块，即“劳动引领班风学风建设”“劳动塑造团队协作精神”“劳动促进个人全面发展”和“劳动展望多彩美好未来”。

任务内容

1. 以班级为单位，采取分工协作的方式，总结班集体一个学期体验劳动中的特色成果，通过语言描述和图片配置，集中展示集体体验劳动的过程点滴与收获，制作班级体验劳动宣传板。

2. 通过劳动教育宣传板的制作和展示，深刻认识劳动的意义，树立科学的劳动态度，以此引领班风学风建设、塑造团队协作精神、促进个人全面发展、展望多彩美好未来。

任务实施

1. 利用头脑风暴，构建组织框架，设立总负责人岗位，统筹协调工作全过程。

2. 根据“劳动引领班风学风建设”“劳动塑造团队协作精神”“劳动促进个人全面发展”和“劳动展望多彩美好未来”4 个版块，设立分小组负责人岗位，具体负责分板块的任务实施。

3. 开展小组研讨，各小组之间有效衔接，团队共建。

4. 统筹规划，形成最终成果。

注意事项

★★★★★

1. 在收集整理记录的过程中，要紧密结合“劳动引领班风学风建设”“劳动塑造团队协作精神”“劳动促进个人全面发展”和“劳动展望多彩美好未来”4 个方向。

2. 在制作劳动教育宣传板的过程中，要注重增强团队意识，加强团队协作。

过程总结

★★★★★

____

____

____

____

____

任务 6　营销策划

任务目标

完成营销策划方案。

任务内容

以某产品的一次营销活动为背景，体验调研计划制订、调研方法应用，通过小组研讨，确定营销方法与策略，完成产品营销策划方案，亲身实践产品营销策划的制订过程，培养劳动生存技能、劳动创新精神。

任务实施

1. 进行抽签分组，建议5人一组，明确人员分工，主要包括以下角色：组长、采购专员、财务专员、宣传专员、理货专员，本次分工兼顾营销策划及营销实践两个任务，分工后可以明确权责开展劳动任务。

2. 团队成员研讨制订调研计划。调研计划制订在前面调研方法中已经介绍，主要包括7个方面的内容，需合理制订调研计划，指导调研工作开展。

3. 调研后确定本次任务的营销产品。可以联合校园内超市、附近门店、当地商家共同开展，这样易获取摊位摆放物料支持、营销推广赞助，建议选取价值不高、不易损耗产品，例如，包装牛奶、饮料、矿泉水、包装食品、生活小用品等。

4. 团队研讨完成产品营销策划方案，具体内容见表附-5。

表附-5 产品营销策划方案内容参考

序号	策划书结构	内容参考
1	封面	营销策划方案名称、团队名称
2	策划人员信息	团队负责人、团队成员、任务分工
3	目录	营销策划书正文中的一级条目名称与对应页码、二级条目名称与对应页码、附录及对应页码
4	任务概要	策划者身份及策划合作企业基本情况、策划产品基本情况、进行策划的原因、策划任务、策划过程和策划方案内容概略、预期达到的目标等
5	营销现状分析	产品市场调查的数据和事实的客观分析与观点评价。包括：当前市场状况及前景、竞争状况和分销状况分析等
6	“SWOT”分析	产品营销环境的机会与威胁分析，产品自身的优势、劣势分析，营销中存在的问题挖掘
7	营销策划目标	本次营销策划方案的执行要达到的具体目标
8	营销战略与策略	产品的目标市场及市场定位战略的描述与内涵、产品营销组合策略的具体设计
9	具体行动方案	产品营销的具体行动方案设计，包括：活动方案的主题、活动的时间、内容、具体操作程序、宣传、行动控制等
10	营销费用预算	营销方案推进过程中的费用投入
11	附录	标明营销策划方案中引用的数据资料来源、调查问卷等

注意事项

★★★★★

在设计策划方案时一定要明确以下几点：

1. What？确定要做什么？
2. Where？确定在哪做？
3. Why？为什么设计策划方案？
4. Who？各个实施部分由谁操作？
5. When？什么时间进行？
6. How？出现问题如何处理？

过程总结

★★★★★

____

____

____

____

____

任务 7 “断舍离”整理术

古语云：“一屋不扫，何以扫天下。”整理房间这件看似简单的事情，其实也是思维清晰的体现，更是审美与生活态度的体现。

日式收纳“断舍离”整理术风靡一时，其中“断”即断绝想要进入自己家的不需要的东西；“舍”即舍弃家里到处泛滥的破烂儿；“离”即脱离对物品的执念，处于游刃有余自在的空间。换句话说，就是通过收拾物品来了解自己，整理自己内心的混沌，让人生更舒适，也就是“整理房间，也是整理人生”。

表附-6 是“断舍离”整理术与一般的收纳、整理的对比，通过对比更能一目了然地感受到“断舍离”的重要性。

表附-6 “断舍离”整理术与一般的收纳、整理的对比

	“断舍离”整理术	一般收纳整理
前提	代谢、替换（主动）	保管、维护（被动）
主角	自己	物品
售点	关系性	物品或自己或赠送物品的对象
核心轴	感性、适宜、需要、合适、舒服	物质、可惜、能用或不能用
时间轴	现在、当下	过去、未来、曾经、今后
意识	选择、决断	回避
手续	少	多
技术	不需要	需要
收纳物	不需要	需要

我们为什么要开始“断舍离”？以下几点请先试着对号入座（表附-7）。

表附-7 房间整理现状自查表

序号	房间整理现状	对（√） 错（X）
1	会在某些瞬间觉得房间很杂乱	
2	如果家里要来客人就会很紧张，需要突击收拾一番	
3	觉得收拾房间是个耗时耗力的事情	
4	每次收拾房间都需要用上大半天甚至更久	
5	要找的东西常常找不到	
6	买了某个东西，拿回家发现家里明明就有	
7	好不容易收拾好的房间/衣柜，两天就又回到老样子	
8	满满一衣柜的衣服，每天早上还是觉得没有衣服穿	

以上8项如果中了3项以上，或者有某一项你特别迫切地想改变，请开始“断舍离”吧！

任务目标

掌握整理房间的技巧及方法，通过对日常家居环境的收拾整理，改变意识，养成整洁、自律的生活习惯。

任务内容

制订房间整理计划，完成房间整理。

任务实施

1. 对房间里的脏乱程度先做一下总结，具体是哪些地方使得房间非常乱。找到这个原因，就可以对症下药。

2. 对房间里的东西进行归类，具体分为哪几类。例如，可以分为衣物类、文具类、食品类等。

3. 准备好打扫和整理房间的工具，像扫把、拖地水等。凑齐这些工具后，我们就可以开始整理房间了。

4. 将刚才进行分类的东西按照相应的位置摆放好。注意：在摆放的时候，要整齐并且要有规律地排放。

5. 在整理好房间里的东西之后，用吸尘器清除地面杂物和灰尘。

注意事项

★★★★★

1.“断舍离”的过程中不要扔掉重要的文件等东西。

2. 注意倾听内心的声音，留下你真正喜欢的。

3. 不要留下此刻用不到的东西，这是“断舍离”的精髓。

过程总结

★★★★★

____

____

____

____

____

任务 8　垃圾分类讲解员

任务目标

做一名垃圾分类讲解员。

任务内容

了解垃圾分类讲解员的工作内容、工作要求及工作流程，以小组为单位编写垃圾分类讲解词，制定宣传方案，在社区内向群众进行宣传讲解，科普垃圾分类知识，引导群众正确进行垃圾分类投放。

任务实施

1. 教师下发“垃圾分类讲解员”任务，同学们接收任务后，明确劳动内容，进行信息资料查询与搜集。

2. 教师采取合理的组建方法组建研讨小组，对搜集的资料进行整理分类。

3. 结合搜集资料编写垃圾分类的讲解词，讲解词应包括主题标语、垃圾分类意义、标识及投放方法。

4. 讲解方案制定要详细，具有可实施性。具体涵盖内容见表附 - 8。

表附 - 8　垃圾分类讲解方案表

班级：　　　　小组：　　　　制订人：

序号	项目	内容
1	讲解主题	
2	讲解目的	
3	讲解时间	
4	讲解地点	
5	讲解形式	
6	人员安排	
7	前期准备	

5. 现场讲解。按照制定的讲解方案，明确人员分工，悬挂宣传标语，利用广播强调宣传主题，由讲解员进行讲解，演示员配合讲解员进行现场演示，引导员对群众投放垃圾进行引导。

注意事项

垃圾分类讲解，要先与社区沟通确认好宣讲时间和宣讲地点。做好宣传准备工作，人员分工明确，引导员要注意引导的语气态度，体现服务意识。

过程总结

____

____

____

____

____

任务 9　疫情防控领航员

任务目标

1. 培养学生对疫情防控现实环境中的安全系数进行分析、预防和应对的能力。培养学生在疫情防控中的自我教育、自我管理、自我服务和自我监督的能力。

2. 通过示范引领、能量传递、宣传讲解，带动身边的人增强疫情防控的责任感与使命感，共同努力构建平安和谐校园。

3. 多途径多渠道了解和掌握校园疫情防控安全常识，增强校园疫情防控安全责任意识，使自己成为校园疫情防控领航员。

任务内容

1. 提升自己和他人疫情防控的安全意识，并通过自身的修养带动身边的同学增强疫情防控安全意识。

2. 坦然面对情绪变化，理解和接纳负面情绪。正向思维，自我鼓励，把必要的防护措施都做到位，相信自己有克服困难、战胜病毒的能力。

3. 科学看待疫情防控，学习简单的心理调节方法，如“深呼吸放松法”“肌肉放松法”等来维护情绪稳定，也可以通过运动、音乐、倾诉来转移注意力，增加积极体验。

4. 保持健康生活方式，做好个人卫生清洁。不聚集，戴口罩，勤洗手，保持个人与寝室卫生清洁。保持作息规律，保证睡眠时间，合理膳食，均衡营养，增强自身的免疫力和抗病毒能力。

5. 学习榜样人物的先进事迹，传播正能量。

6. 通过爱国主义教育、使命担当教育、疾病预防教育、社会规则教育、宣传舆论引导、学生心理疏导这“四教两导”引导学生树立正确的世界观、人生观和价值观，增强国家荣誉感、社会责任感、生命敬畏感、政治辨别力、心理承受力。

任务实施

1. 充分利用媒体平台，传播正能量。在微博、微信、QQ、钉钉等社交平台中转载或发布校园疫情防控有关新闻、热点、短视频等新闻资讯，引导广大师生树立校园疫情防控安全责任意识。利用主题活动、班团会等契机演出小品、相声、歌曲等大众喜闻乐见的节目，将疫情防控知识贯穿其中，寓教于乐，用最生动形象的方式传递疫情防控安全知识，有效发挥全媒体的优势进行思政教育，让主流媒体借助移动传播，牢牢占据舆论引导、思想引领、文化传承、服务学生的传播制高点，用个人点滴行为把校园疫情防控安全责任感带到校园的每个角落。

2. 化身志愿服务中的校园疫情防控宣讲员，利用课余时间在教室、寝室、食堂、操场等地宣传疫情防控知识，解答疫情防控问题，培养安全防控意识，带动身边的人提升疫情防控使命感，构建和谐文明的校园环境，营造万众一心阻击疫情的校园舆论氛围，凝聚起众志成城、共克时艰的强大力量，更好地围绕学生、关爱学生、服务学生。

3. 形成以学期为时间单位的校园疫情防控安全意识养成总结报告，具体参照表附-9。

表附-9　校园疫情防控安全意识养成总结报告示例

防疫目的与意义	
防疫形式	
防疫内容	
防疫过程	
过程记录展示	

续表

防疫收获	
总结提升	

注意事项

★★★★★

1. 利用媒体平台发布消息，要严格遵守宪法、法律及有关法规要求，发布前严格审核。
2. 校园宣讲的过程中，要严格依照学校的总体要求进行。

过程总结

★★★★★

____

____

____

____

____

任务 10　寻找本专业技能大师

任务目标

寻找本专业技能大师。

任务内容

深刻理解工匠精神，树立敬业、精益、专注、创新的工匠意识。以小组为单位，采取讨论法确定寻找本专业技能大师的方案，并落实寻找方案。

任务实施

1. 确定寻找小组。建议随机分组，可以采取学生循环报号法进行分组（例如，1 到 6 循环报号，将全班分成 6 组）；也可以采用抽取扑克牌法进行随机分组（例如，所有抽到 3 的为 1 组）。

2. 收到任务，分析任务。教师下发寻找本专业技能大师的任务，各组接收任务后，确定具体任务、寻找方式、准备工作，完成劳动任务实施计划表。

3. 信息资料搜集。运用信息搜集方法，确定本专业技能大师名单。

4. 小组研讨，完成寻找方案。

5. 落实方案，寻找技能大师相关资料。

6. 完成专业技能大师简介、劳动成果展示表。

7. 每个同学提交劳动心得体会。

注意事项

1. 小组组长做好组织工作。

2. 团队成员要具有服从意识，服从组长安排，积极参与团队任务。

过程总结

____

____

____

____

____

任务 11　观摩大师精湛技艺

任务目标

了解并掌握专业相关产品的制造过程或专业相关工作的工作步骤与流程。

任务内容

对各个小组寻找的专业技能大师进行筛选，确定前去观摩的大师，以班级为单位，采取现场观摩方法。通过观摩大师精湛技艺，进行现场交流，寻找差距，促进反思。寻找有效提高技艺的方法，促进学生积极、主动、健康发展。

任务实施

1. 和观摩大师沟通，确定观摩时间、地点等相关事宜。
2. 完成劳动任务实施计划表。
3. 进行观摩准备，需准备手机、记录表等。
4. 现场观摩并记录，完成专业技能大师精湛技艺观摩记录表（表附－10）。完成劳动成果展示表。
5. 总结反思，书写劳动心得体会。

表附－10　专业技能大师精湛技艺观摩记录表

班级：　　　　　　　　姓名：

序号	项目	内容记录
1		
2		
3		
4		
5		
6		

!

注意事项

★★★★★

1. 统一服装，建议穿运动服或劳动服装。
2. 遵守观摩纪律，听从指挥，不能迟到早退，不能随意触碰设施设备。
3. 尊重他人，态度和蔼、大方；要文明礼貌，措辞得体。

过程总结

★★★★★

____

____

____

____

____

任务12　对身边的劳动模范进行访谈

任务目标

访谈身边的劳动模范。

任务内容

了解并领悟“爱岗敬业、争创一流、艰苦奋斗、勇于创新、淡泊名利、甘于奉献”的劳动模范精神。以小组为单位，采取讨论法确定访谈对象、完成访谈记录。

任务实施

1. 确定访谈小组。
2. 下发任务，收集身边劳动模范的信息资料。
3. 小组研讨，确定访谈对象。
4. 沟通确定访谈方案。
5. 落实方案，每个人都要完成访谈记录表一份（表附-11）。

表附-11　身边劳动模范访谈记录表

序号	项目	具体内容
1	访谈时间	

续表

序号	项目	具体内容
2	访谈方式	
3	访谈人	
4	被访谈人	
5	被访谈人简介 （工作单位、职务、个人业绩等）	
6	访谈现场图片	
7	访谈内容记录	问：
		答：
		问：
		答：
		问：
		答：

注意事项

★★★★★

1. 访谈前要做好充分准备。
2. 访谈中要注意着装和仪表，态度和蔼、大方；要文明礼貌，措辞得体。
3. 要尊重被访谈者，注意保护他们的信息安全和个人隐私。

过程总结

★★★★★

任务 13　与劳模一起工作

任务目标

与劳模一起工作，锻炼自己的观察能力、语言表达能力、文字编辑能力、团队协作能力。

任务内容

各个小组访谈劳动模范后，开展与劳模一起工作的活动，一方面学习劳模精湛的技术，另一方面学习劳模不怕困难、勇于拼搏的劳模精神。与劳模一起工作，一起成长。

任务实施

1. 确定与劳模一起工作的方案，包括时间、地点、工作准备。
2. 观察劳模工作内容、做好记录，包括文字记录、照片记录、视频记录。
3. 实践劳模工作内容。
4. 记录工作过程，完成工作总结，填写表附－12。

表附－12　工作总结表

总结项目	项目内容	具体情况
基本情况	劳模简介	
	工作目的	
	工作时间	
	工作地点	
成绩做法	工作过程	
	工作成果展示	
经验教训	工作经验	
	工作教训	
今后打算	下一步计划	
总结人签字：		总结时间：

过程总结

★★★★★

____

____

____

____

任务 14　新能源汽车用电安全实训

与传统燃油汽车的驱动方式不同，新能源汽车是由电机直接驱动车轮前进的，在运行过程中电压达数百伏，最高的工作电压达到 750 伏以上，工作电压是十分高的，万一触电会危及生命安全。新能源汽车在使用过程中要做到安全用电，进行高压安全防护就显得尤为重要。

一、高压安全警告标识

在接触新能源汽车时，高压部件附近都有明显的警告标识，如图附 - 1 所示，以防止触摸高压部件发生触电事故。

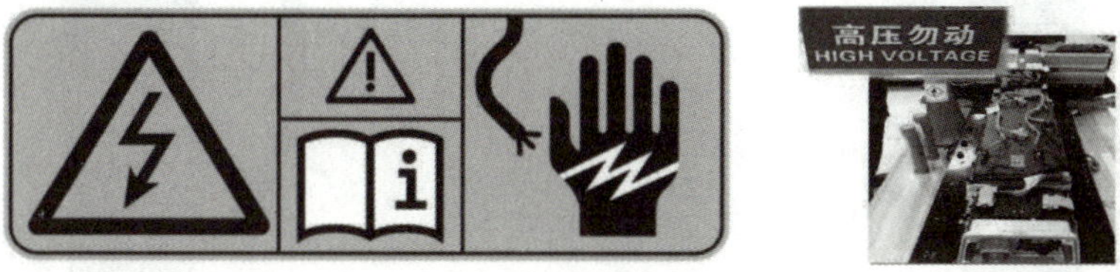

图附 - 1　高压安全警告标识

二、新能源汽车火灾的特点

新能源（电动）汽车涉及高压电路，发生电气火灾的概率及危害远大于传统的内燃机汽车，因此必须预防车辆自燃等火灾的发生，及时处理机舱内的油污、插接件松动或线束老化等隐患。

电动汽车发生火灾时，如果只是线束冒烟，或小范围明火，推荐使用灭火器灭火。

如果发生大面积火灾，特别是动力电池部位的火灾，最有效的灭火方式是采用大量的水灭火。因为电动汽车起火多为电路短路起火，这种情况下为了保证人员安全，使用大量的水（即采用消防栓及其他消防设备）会快速降低短路产生的热量，并使电能耗尽，达到有效灭火的目的。这时要特别注意的是，如果使用少量的水，则更加危险，将会加剧动力电池火灾的程度。

三、灭火器的分类和适用范围

不同国家和地区对灭火器的分类略有不同，但基本上是按火灾的种类分类，以下是常见的分类标准。

A类（Class A）：含碳可燃固体之火警，如木、草、纸张、塑胶、橡胶；

B类（Class B）：可燃液体之火警，如汽油、柴油、油、机油；

C类（Class C）：可燃气体之火警，如石油气、天然气、乙烘、甲烷；

D类（ClassD）：可燃固体金属之火警，如镁、铜、铁、铝；

E类（ClassE）：通电物体之火警，指带电物体和精密仪器等设备的火灾。

从电动汽车的火灾类型来说，属于E类火灾，需要使用满足电气绝缘要求的灭火器来 扑灭。在扑救未切断电源的电气火灾时，则推荐使用以下几种灭火器。

1. 二氧化碳灭火器：适合扑救电气设备发生的火灾，二氧化碳没有腐蚀作用，不损坏电气设备，如图附－2 所示。

二氧化碳灭火剂是一种具有一百多年历史的灭火剂，价格低廉，获取容易。二氧化碳具有较高的密度，约为空气的 1.5 倍，主要依靠窒息作用和部分冷却作用灭火。

2. 干粉灭火器：一般称ABC干粉灭火器，适合扑灭ABC类火灾。也适用于扑救电气火灾，灭火速度快，如图附－3 所示。

图附－2　二氧化碳灭火器

图附－3　干粉灭火器

干粉灭火器内部装有磷酸鞍盐等干粉灭火剂，这种干粉灭火剂具有易流动性、干燥性，由无机盐和粉碎干燥的添加剂组成，可有效扑救初起火灾。但干粉几乎没有冷却作用，要防止复燃。

3. 水基灭火器：水基灭火器适用于扑救固体或非水溶性液体的初起火灾，如图附－4 所示。对于电气火灾，水基灭火器对电绝缘性能最高可达到 36 千伏，可扑灭各种电器火灾。

灭火药剂的主要成分表面活性剂等物质和处理过的纯净水搅拌，以液态形式存在，因此称水基灭火器。

水基灭火器在喷射后，成水雾状，能瞬间蒸发火场大量的热量，迅速降低火场温度，抑制热辐射。表面活性剂在可燃物表面迅速形成一层水膜，隔离氧气，起降温、隔离双重作用，从而达到快速灭火的目的。

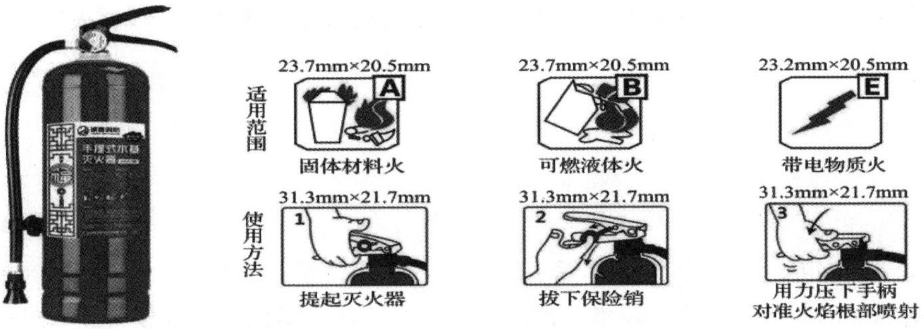

图附-4　水基灭火器

水基灭火器更适合不会使用灭火器的普通人员。即使喷射位置不准确，喷过去的水雾也能自动扩散，甚至喷到着火点表面后，还能继续扩散直到将火焰覆盖。

以上灭火器应该根据实际的条件使用。注意绝对不能用酸碱或泡沫灭火器，因其灭火药液有导电性，而且酸碱药液会强烈腐蚀电气设备，事后不易清除。

任务目标

了解新能源汽车火灾的特点和灭火器材使用方法，掌握新能源汽车火灾的灭火技巧。

任务内容

模拟新能源汽车火灾，选用正确的灭火方法灭火。

任务实施

各种类型的灭火器使用方法大同小异，使用时应参照灭火器上标注的说明书，并严格按照消防部门的培训（消防演习）执行。具体操作方法如下。

1. 先晃动几下灭火器瓶身，使瓶内干粉松动，然后拔下保险销，如图附-5所示。

2. 左手托住瓶底，右手握住把手，按下压把，如图附-6所示。

3. 一只手拿喷管对准火焰根部，如图附-7所示，另一只手压压把，用力压下压把，拿喷管左右摆动，干粉在气体的压力下由喷嘴喷出，形成浓云般的粉雾，直至火焰熄灭。

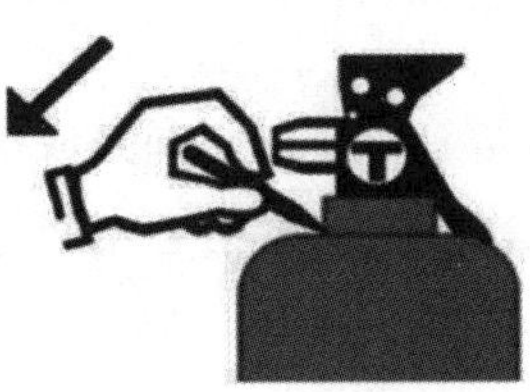

图附-5　拔下保险销

图附-6　按下压把

图附-7　对准火焰根部喷射

4.最后扑救地面的火时，要平射，左右摆动，使干粉掩盖火势面积，根据火势情况，慢慢向火势靠近，使火势彻底扑灭。

注意事项

★★★★★

站在上风方向在距离燃烧处 1~2 米，先将开启把上的保险销拔下，然后将喷嘴部迅速对准火焰的根部扫射灭火。当干粉喷出后，手始终压下压把不能放开，否则会中断喷射。

过程总结

★★★★★

____

____

____

____

____

任务 15　小组协作植树

任务目标

协作完成植树任务，发挥团队合作精神；对协作完成劳动任务有更加切身的实践体会；对严守岗位、严于律己、各司其职、相互支持、善于为他人着想等劳动品质有更加深刻的理解；懂得遇到挫折时要相互体谅、相互帮助，成为团队中的优秀成员。

任务内容

将植树任务进行小组协作式分解，准备好铁锹、水桶、木棍、树苗等材料，共同完成挖树坑、解草绳、打水、树苗入坑、一次培土、提苗、围堰、浇透水、二次培土、给树上支架等协作式劳动。

任务实施

1. 小组成员分头完成挖树坑、解草绳、打水等任务。该步骤属于左右协作，每人负责一种固定的活动。要求严守岗位，相互支援。

（1）挖树坑。坑挖多深，挖多大，主要由树苗本身的大小决定。一般而言，小规格苗木，挖深度 40 厘米、直径 60 厘米的坑即可；大规格苗木，要求坑深 60 厘米、直径 80 厘米。树坑最好挖成上下垂直的圆柱形，千万别挖成上大下小的锥形或锅底形，否则踩实土壤时会使根系劈裂、蜷曲或上翘，影响树木的生长。

（2）解草绳。解草绳就是给树苗“松绑”。为保证运输途中的水分、养分供应，每棵树苗的根部都带着一个大大的土坨。土坨四周通常绑着密密匝匝的草绳，以防止土壤散落。种树之前，要先把草绳解开，因为树的根系就像人的血管一样，只有舒展开来才能发挥更大的功效。

（3）打水。打水需要的是力气和平稳性。如果拎了两桶水，那就要尽量保持平稳，才能让水尽量不洒出来。

2. 小组成员之间有前后协作和左右协作。这就要求小组成员严格要求自己，按时完成任务，互相创造有利的工作条件，保证劳动质量。

（1）树苗入坑。把“松绑”的树苗轻轻放到坑里。注意，树苗入坑后，目测一下，看露在土坨上的根茎部分，是不是和坑面大致平行。如果树的根茎远远低于坑面，说明坑挖深了，需要回填一部分土，并踩实，否则坑太深容易把苗闷死；反之，若根茎部分远远高于坑面，说明坑挖浅了，还要往下再挖一点儿。

（2）一次培土和提苗。一次培土所用的土就是挖坑时刨出来的底土，比较肥沃。土壤要填到与坑面齐平为止，然后踩实。

对于规格比较小的苗木，一次培土后，要把树苗轻轻往上提一下。上提后，原先窝曲的树苗根系就会舒展开，有利于树苗的生长。另外，上提的动作还可以帮助我们判断树苗是否栽实，如果树苗没被栽实，就会被拔起。

（3）围堰。围堰就是用铁锹沿着坑的外沿围一圈小土坝，内径大约 1 米，高大约 15 厘米。这是为浇水做准备，防止水流溢出去。

3. 小组成员之间也是有前后协作和左右协作。

（1）浇透水。浇透水至关重要，因为树从苗圃移出来后伤了很多毛根，对水分的吸收能力很差，只有浇充足的水分才能保证它成活。至于浇多少水才算浇透，没有明确定规。一般土壤下渗快的，要多浇一点；下渗慢的，可以少浇，浇到水不往外溢就行。另外，浇水时不要“呼啦”一下全倒进去，动作要缓一点，让水慢慢往下渗。

（2）二次培土。浇透水后，树坑里的土会往下陷，把挖坑剩下的土培到下陷的树坑里，踩实。填好的土要与原根茎相平或略高 3~5 厘米。最后，再把挖坑时的表土，薄薄一层撒到树坑表面即可。

（3）给树上支架。刚种好的树，根系不牢，很容易被风吹倒。对于比较粗的苗木，可以用 4 根支架对树干进行支撑、固定。如果是比较纤细的小规格苗木，彼此间可以用草绳相连，以增强抗风能力。

过程总结

★★★★★

任务16　LED灯带焊接

LED灯带是一种非常常见的照明设备，在室内装饰、建筑外墙亮化、广告牌展示等领域都得到了广泛的应用。在制作LED灯带时，焊接技巧是非常重要的一环。

一、LED灯带的结构

LED灯带（图附-8）是由LED芯片、电路板、导线、外壳等部分组成的。其中，LED芯片是LED灯带最核心的部分，其质量和数量的多少直接影响到LED灯带的亮度和寿命。电路板则是LED芯片的载体，它可以提供电源和控制信号。导线则是将电源和电信号传输到LED芯片的桥梁，外壳则是LED灯带的保护层。

图附-8　LED灯带

二、LED灯带的分类

按照灯珠数目来分，LED灯带可以分为单色、双色、RGB、RGBW等。单色灯带只有一种颜色，一般为红、绿、蓝、黄、白等。双色灯带有两种颜色，例如红绿、红蓝等。RGB灯带则是由红、绿、蓝三种颜色的LED芯片组成，可以通过控制电路板实现各种颜色的变化。

RGBW灯带则在RGB灯带的基础上增加了白光LED芯片，可以实现更加丰富的颜色效果。

三、LED灯带的电气参数

在焊接LED灯带时，需要了解LED灯带的一些电气参数，如电压、电流、功率等。这些参数不同的LED灯带会有所不同，需要根据具体情况进行调整。

任务目标

了解LED灯带在日常生活中的作用和装饰灯带的制作方法。

任务内容

根据现场的材料，制作一款装饰灯带，并安装点亮。

任务实施

1. 焊接工具准备。在焊接LED灯带时，需要准备一些工具，如焊锡丝、焊锡笔、剪线器、钳子等。焊锡丝应选择直径为0.5mm左右的，焊锡笔应选择功率较小的，以免对LED芯片造成损伤。剪线器和钳子则用来剪断和夹住导线。

2. 防止静电。LED灯带中的LED芯片非常敏感，容易受到静电的影响。因此，在焊接LED灯带时，需要注意防止静电的产生。可以使用静电手环或者将自己接地来避免静电的产生。

3. 焊接顺序。在焊接LED灯带时，应该先焊接电源线，再焊接信号线。这是因为电源线的电压较高，一旦接错会导致LED芯片烧毁。而信号线的电压较低，即使接错也不会对LED芯片造成太大的影响。

4. 焊接时间和温度。在焊接LED灯带时，需要控制好焊接时间和温度。焊接时间过长会导致LED芯片受到过多的热量，从而烧毁。而温度过高也会对LED芯片造成损伤。一般来说，焊接时间不应超过3秒，焊接温度不应超过260℃。

注意事项

1. LED灯带不亮。LED灯带不亮的原因可能有很多，如电源线接反、信号线接错、LED芯片损坏等。解决方法是先检查电源线和信号线是否正确连接，如果连接正确，则需要逐个检查LED芯片是否正常。

2. LED灯带亮度不均匀。LED灯带亮度不均匀的原因可能是LED芯片质量不同、电路板设计不合理等。解决方法是可以更换质量较好的LED芯片，或者重新设计电路板。

3. LED灯带闪烁。LED灯带闪烁的原因可能是电源不稳定、信号线接触不良等。解决方法是可以更换稳定性较好的电源，或者重新检查信号线的连接情况。

4. 烙铁焊头不可碰及贴片LED灯带胶体，以免高温损坏LED灯带。

过程总结

★★★★★

参 考 文 献

[1] 潘维琴，王忠诚. 劳动教育与实践[M]. 北京：机械工业出版社，2021.
[2] 邱同保. 大学生劳动教育[M]. 北京：机械工业出版社，2021.
[3] 李志峰. 大学生劳动教育概论[M]. 武汉：武汉大学出版社，2021.
[4] 朱忠义. 劳动教育与实践[M]. 北京：北京理工大学出版社，2020.
[5] 袁国，徐颖，张功. 新时代劳动教育教程[M]. 北京：航空工业出版社，2020.
[6] 刘松林，霍江华，王瑞兰. 新时代高校劳动教育理论与实践教程[M]. 长春：东北师范大学出版社，2020.
[7] 阎惠丽，暨星球，詹波. 新时代高职学生劳动素养教育[M]. 成都：电子科学技术大学出版社，2020.
[8] 王官成，黄文胜. 劳动教育[M]. 银川：宁夏人民教育出版社，2020.
[9] 谢辛. 劳动教育：观念、方法与实践[M]. 北京：电子工业出版社，2020.
[10] 曾天山，顾建军. 劳动教育论[M]. 北京：教育科学出版社，2020.
[11] 金正连. 劳动教育与素质养成[M]. 北京：中国人民大学出版社，2020.
[12] 胡颖蔓，欧彦麟. 大学生劳动教育[M]. 长沙：中南大学出版社，2020.
[13] 郭明义，巨晓林，高凤林. 劳动教育箴言[M]. 北京：中国工人出版社，2020.